いまの科学で「絶対にいい!」と断言できる

最高の子育てベスト55

IQが上がり、
心と体が強くなるすごい方法

Zero to Five / Tracy Cutchlow

トレーシー・カチロー＝著
鹿田昌美＝訳

ダイヤモンド社

ZERO to FIVE
by
Tracy Cutchlow

First published in the United States by Pear Press
Japanese translation rights arranged with Pear Press
c/o Perseus Books, Ink., Boston, Massachusetts
through Tuttle-Mori Agency, Inc., Tokyo

はじめに――「本当に大切なこと」のすべてをまとめました

子どもを持つ人の悩みは「共通」している

子育てをする親には、知りたいことや疑問が「たくさん」あります。少なくとも、私はそうです。30代半ばで妊娠する前に、夫婦で何か月もかけて「子どもを持つべきか、持たないべきか」を話し合いました。それまでほとんど赤ちゃんに触れた経験がなかったのに、妊娠したら、さっそく出産と子育ての準備です。マタニティクラスに出席し、オムツやベビー服や育児グッズをリサーチ（自転車が夫婦の趣味なので、早々にバランスバイクも購入）。

でも、実践的な子育て情報には、なかなかめぐり合えませんでした。

私の唯一のアドバンテージは、子どもの脳の発達に関する本『ブレイン・ルールズ・フォー・ベビー』（未邦訳）を編集した経験があること。

でも、その本がいま泣いている赤ちゃんをどうにかしてくれるわけではありません。残念ながら、**日々の疑問の即戦力になってくれる子育て本**は、なかなか見つかりませんでした。

子どもを持つ人の悩みは、ほとんどの場合、似たり寄ったりです。

どうやって寝かしつけるのか？
あやし方は？
食事の与え方は？
夜泣き対策は？
子連れの外出は？
親はどうやって休めばいい？
知育は何をしたらいい？
それまでの友人とどう付き合うか？
スマホやＰＣを子どもに見せてもよいのか？

夫と私も、わが子に驚き、喜び、心配し、イライラする毎日です。困ったときは、解決策を探ります。

たとえば……友人にたずねる。母に相談する。夫があきれるぐらい、ネット検索。そして結局、「私には効果がなかった」というコメントや、正反対の記事、無関係なコメントに埋もれて混乱するはめになります。

そんなときは、本棚にある脳の発育と育児の本を片っ端からめくります。『ブレイン・ルールズ・フォー・ベビー』の編集と本書の執筆のあいだに集めた参考資料です。分厚い専門書の難解な専門用語をにらむように目で追いながら、私は思うのです。

科学的なデータに基づく実践的な子育てアドバイスをまとめた、読みやすくてどのページをめくっても役に立つ本があればどんなにいいだろう、と。

一生の財産になる「8つのこと」

その願いを形にしたのが、この本です。

私は、脳科学者でも児童発達の専門家でもありません。子育ての本を執筆するにあたっては、ジャーナリストとして15年の経験を、科学データを吟味《ぎんみ》して育児疲れの親でも読みやすい文章に落とし込むことに役立てました。

私自身の育児体験も盛り込みました。ありがちなエピソードですが、「子育ては、大変だけれど楽しくて笑いがいっぱい」というイメージをお伝えできればと願います。

本書では主に6歳までの時期を重視しています。理由は、**人生のなかで最も変化が大きい時期**だから。動作、言語、情緒、運動能力――30歳と31歳では大差がありませんが、1歳児と2歳児なら、日々、目が離せないほど変わります。脳の90パーセントは生後5年間に発達するのです。

だから最初の数年間が鍵なのです。この時期に親は、**わが子が成功する大人になるための下準備**をすべきです。この時期に身についた学びは、子どもが6歳より大きくなってからも、ずっと活用できることでしょう。

ここに書かれたテーマ――愛情、語りかけ、生活習慣、遊び、つながり、しつけ、動く、スローダウン――は、生後2か月でも、2歳でも、5歳でも、15歳でも、そして50歳でも、私たちが人間である限り、大切なことなのです。

本書は、実験・研究データに基づいて書かれています。本文に出典の記載がないものも含めて、すべての参考資料をオンライン（www.zerotofive.net）に載せています。

研究データを取る際には、答えを得るためにあらゆる種類の「変数」を想定し、偏《かたよ》りをできるかぎり排除しますので、入手する側にとっては、**これほど厳選された質のいい情報はありません。**

「本当に大切なこと」はいくつかのポイントだけ

ただし、社会科学の研究が誰にも当てはまるような真理にたどりつくことは、非常にまれです。たとえば「未就学児に音楽のレッスンを受けさせることが知育に役立つか」を知りたいときは、ランダム化比較試験を行うのが定番です。

半数のランダムに選ばれた子どもたちに音楽のレッスンを受けさせ（介入群）、もう半数には受けさせず（未介入群）、音楽レッスンの前後で両方に認識力テストを行います。こうして得られた結果は、どこまで信頼できるでしょうか？

変数に含まれるのは、「研究者が集めてきた子どもの数」「子どもが選んだ音楽レッスンの種類」「指導する教師」「レッスンの期間」「子どもが練習する頻度《ひんど》と熱心さの度合い」

「途中で脱落する子どもの数」「レッスン終了からテストまでの間隔」「使用するテストの内容」「結果に影響する潜在的原因（親の収入とＩＱ）」など。

それらを分析者がどの程度まで除外するか、結果と過去の研究との信頼度の兼ね合いその他、さまざまなことが考慮されます。

そうしたうえで、たとえ研究結果がくり返し立証されてもなお、自分の子に該当するとは限りません。**ある研究から「乳児には1日14時間の睡眠が必要」という結論が導かれても、11時間で足りる子もいれば19時間眠る子もいる**のです。

統計的には「中間」を取って最終報告を出すので、該当しない子どもが出てきます。

子どもに個性があるように、親も一人ひとりが違います。

アドバイスに従ったのに望まない結果が出ることもあれば、アドバイスに従わなくても望み通りの結果になることもあります。自分の子どもに効果的かどうかを知るには、実際に試してみるしかないのです。

その意味では、この本は、いわば「道案内」のようなものです。よさそうだと思う道を選んだり、いまの道のままでいいのかを確認したりするのに使ってください。

すべてのアドバイスに従う必要はありません。**赤ちゃんが生まれたら、できるだけ肩の力を抜きましょう。**

子育てにおいて本当に大切なことは、シンプルです。

一緒にいるときにたっぷりかまってあげる。たくさん話しかける。きっぱり、かつ温かくしつける。たくさん抱きしめる。そして、たくさんの睡眠を取らせてあげる。

そのためのコツが、ここに書かれています。お子さんを「素晴らしい子ども」――**頭がよくて、幸せで、社会性があり、情緒が安定していて、道徳的で、好奇心に満ちた、愛される子ども**――に育てる基礎づくりに役立てていただければ幸いです。

幸運をお祈りします（お互いに！）。

トレーシー

いまの科学で
「絶対にいい!」と断言できる

最高の子育て ベスト55

CONTENTS

CHAPTER1

愛情
――安心感が子どもの「脳」をぐんぐん伸ばす

CHAPTER2

語りかけ

――言葉のシャワーが「IQ」を上げる

CHAPTER3

生活習慣

――「記憶力」と「集中力」が上がる食べ方、寝方

CHAPTER4

遊び

――「思考力」と「想像力」を磨く楽しい方法

CHAPTER5

つながり

——親との交流が「心」と「体」を強くする

CHAPTER6

しつけ

——叱るより、ルールで「スキル」を身につける

CHAPTER7

動く
——動くことで「頭」がよくなり「健康」になる

CHAPTER8

スローダウン

——時間を止めて、人生をフルに味わう

CHAPTER 1

愛情

安心感が子どもの「脳」をぐんぐん伸ばす

「赤ちゃんの要求に細やかに気づいてあげる」。
これが、生まれたばかりのわが子に、親がしてやれることのうち、
最も大切なことです。
赤ちゃんが親に関わろうとしたら、応えてあげてください。
ほほえみを、ささやきを、見つめる瞳を、受け止めてください。
泣いたときは、抱きあげて、肌と肌で触れ合いましょう。

1 子どもが「できること、できないこと」を知る

——じつは「これだけのすごい能力」がある

「高い能力」を認めてあげる

赤ちゃんの脳は休まず働き続けています。生まれもった認識能力をフル活用して、仮説を立てては実験をくり返しているのです。

たとえば、赤ちゃんにはこんなことができます。

■ **生後1時間未満から「真似」ができる**

生まれたばかりの赤ちゃんは、自分の顔さえ見たことがなく、「顔」というものを知らないのに、**舌を突き出して見せると、真似をして舌を突き出します。**

■ **「悪者を避ける」ことができる**

実験で、生後6か月から10か月の赤ちゃんに、3つのおもちゃが出てくるショーを見せました。おもちゃ1がおもちゃ2を丘の上まで運び、おもちゃ3が丘の上からおもちゃ2を押し戻す、という内容です。

その後、研究者が「お手伝いをしたおもちゃ1」と「邪魔をしたおもちゃ3」を部屋に入れたところ、**ほとんどの赤ちゃんがおもちゃ1に手を伸ばしました**。

■「先の行動」を予測できる

生後9か月の赤ちゃんがモノに手を伸ばすとき、脳の運動野が作動します。この月齢の赤ちゃんは、大人がモノに手を伸ばすのを見るだけで、同じ運動野を作動させます。

2度目にその大人を見るときは、運動野が行動を予測して、大人が手を伸ばす直前に作動します。

■確率に基づいて「推測」できる

実験で、生後10か月から12か月の赤ちゃんに、ピンク色と黒色、好きなほうのアメを選ばせました。次に、赤ちゃんたちにふたつの瓶の中身を見せます。ひとつはピンクのアメが、もうひとつは黒が多く入っています。

それぞれの瓶からひとつずつ、赤ちゃんから色が見えないようにアメを取り出して、そのアメにカップをかぶせてフタをしました。

すると**80パーセント以上の赤ちゃんが、好きな色が入っている確率が高いほうのカップを選びました**。

■一度したことを「記憶」している

1歳2か月の赤ちゃんは、一度したことを同じ状況下で1週間後にくり返すことができます。

実験で、触ると電灯がつく箱を用意して、赤ちゃんに箱を観察させ、実験者が赤ちゃんの腰を支えて、額を箱に触れさせました。1週間後、実験室に戻った赤ちゃんの3分の2が、その経験を覚えていて、自分で近寄って額を箱につけました。

実験者たちが、さらに期間を開けて実験したところ、4か月後まで記憶していた赤ちゃんもいました。

■「他人の好み」を理解できる

1歳6か月になると、「他人は自分とは好みが違う」と理解します。

実験者がこの月齢の赤ちゃんの目の前で生のブロッコリーを食べておいしそうな顔をし、幼児用クラッカーを食べてまずそうな顔をしました。

その後、実験者が前に手を出して「なにかください」とお願いすると、**赤ちゃん自身はクラッカーのほうが好きなのに、生のブロッコリーをわたしました。**

もう少し小さい1歳3か月の子を対象に同じ実験をしたところ、必ず赤ちゃん自身の好きなもの（クラッカー）をわたしました。

■「統計」を取っている

赤ちゃんは、音、映像、言葉など、周囲のあらゆる環境を吸収して、それらが起きる頻度を計算します。たとえば言葉を認識する際、この統計値を使って、アルファベットの何文字目までを聴き取れば単語が確定するかを予測しています。

■赤ちゃんは「学習」する

赤ちゃんの脳は**一度に多くの情報源から知識を吸収し、大量の（大人よりはるかに多くの）神経伝達物質を放出します。**そのため即座に学習が行われます。

乳幼児期の子どもは、科学者さながらに「仮説を立てて」「世界と人類を対象にした実験」を行います。幼い子どもは、研究者のアリソン・ゴプニックいわく「人類の研究・開発部門」なのです。

しゃべれないときも「理解」はしている

私は、「うちの子に、こんなことが〈できる・言える・覚えられる〉なんて！」と驚かされる毎日です。**おしゃべりが始まる前は、話しかけてもわからないのでは、と思いがちですが、じつはちゃんと理解しています**。

娘が生後10か月のとき、シャツを着せながら「お袖に腕を通してね」と頼むと、その通りにしました。オムツ替えのたびに夫と私が「おしりに軟膏《なんこう》を塗るよ！」と言っていたら、おしゃべりが始まったとたんオムツ替えのときに「おしりになんこう！」と言うように。言わなきゃよかった、と後悔しても取り戻せません。

1歳8か月のときに、娘のお気に入りの絵本をゆっくりと読んでいたら、私が読みかけた最後の一文を娘が言って、驚いたこともありました。

赤ちゃんをあなどってはいけません。**わが子の限界を試し続けてください**。きっと感激しますよ。

2 最大の欲求「安心感」を満たしてあげる

——最高の環境で健全な「ストレス反応」を育む

安全な環境でこそ、脳は伸びる

子どもの最も強い欲求は、**「親と一緒にいるときに安心すること」**です。

とくに赤ちゃんは自分がいる環境に非常に敏感です。**安全で愛に満ちた、情緒が安定する環境をつくってあげる**と、たくさんの良いことがあります。

- 赤ちゃんの脳に健全なストレス反応システムが発達し、これが効果的に機能して必要に応じてストレスホルモンを減らす。
- ストレスホルモンのバランスが取れていると、赤ちゃんの学習・理解に必要な神経回路が守られ、心血管と免疫システムが正常に機能できる。
- 家族からの支えがストレスの悪影響を和らげるため、**小さな生活上のストレス**（「シャ

ツを着たくない！　イヤ！」）を「成長するチャンス」に変えられる。

- 親がストレスに対して健全に反応する様子を見ることで、自分も健全な反応をすることを学習する。

家庭内で激しい対立が起こる環境では、赤ちゃんのストレス反応システムが損なわれ、つねに警戒態勢を取るか、ストレスへの反応が鈍くなりすぎるかのどちらかです。

こうなると赤ちゃんは、世話をしてくれる大人とのあいだに安心できる愛着（情緒的結びつき）を築けなくなり、後に攻撃的または怠惰《たいだ》になる傾向が強まります。

赤ちゃんは親のケンカを理解しています。**生後6か月未満でも、何かが変だと感じます。**血圧と心拍数が上がり、ストレスホルモンであるコルチゾールの値も上昇します。

ケンカをするなら、この「作法」を守る

だからといって、子どもの前での夫婦ゲンカは絶対NGというわけではありません。親のケンカがすべて、子どもの脳の発達を損なうわけではないのです。

パートナーと言い争うとき、相手の支えになり、わずかでも愛情表現を見せる（175

ページ参照）ことで、子どもは、親には家族の調和を守りながら衝突に対処する「能力と意志」があるのだと学習します。

パートナーと敵対したときに、「脅迫」「罵《のの》り言葉を浴びせる」「暴力をふるう」などがあると、子どもの心はダメージを受けます。

「最初の1年」でストレス反応システムが発達する

赤ちゃんにストレスがかかる（コルチゾールの数値を上昇させる）要因は、月齢によって変化します。

- 新生児　抱き上げるだけでコルチゾール値が上昇する。
- 3か月　抱き上げてもストレスではないが、医師の診察はストレスに。
- 6か月　医師の診察と注射によるコルチゾール反応が減少する。
- 9か月　信頼できるベビーシッターと2人きりになっても、コルチゾール値がほとんど上昇しない。
- 13か月　コルチゾール値を上げずに怒ることができる。

3 ほっとする「匂い・音・動き」を与える

——こうすればゆっくりと心が落ち着く

お腹の赤ちゃんは「ママの歌や物語」を聴いている

ある実験で、妊婦に絵本の一部を3分間朗読してもらいました。1日2回の音読を、静かな場所で、予定日の6週間前から直前まで続けました。

そうして誕生した赤ちゃんに、機械につなげたおしゃぶりを与えて吸い方を測定したところ、ママが同じ本の朗読をすると吸い方が強くなり、知らない内容の本では吸い方が弱まりました。**赤ちゃんはお腹の中で聴いた物語を聴きたがる**のです（少なくとも、なじみのあるリズムやイントネーションを）。

あなたの赤ちゃんも同じです。**なじみのある言葉や歌を聴くと安心します。**

誕生直後の赤ちゃんのほうが吸い方が強い、という結果が出ています。生まれてきたらさっそく、お腹で聴いた物語を聴かせてあげましょう。

28週以前に朗読をする必要はありません。そのころの胎児には聴覚がないからです。

「パパの語りかけ」はお腹の中まで届かない

夫は、出産前の2か月ほどのあいだ、毎晩私のお腹に向かって絵本を朗読していました。ところが、じつは誕生前の赤ちゃんにパパの声は聞こえないのです。

お腹の赤ちゃんにはママの声しか聞こえません。心音や雑音に混じって、ママの体の中で反響して拡大された音が子宮内の胎児に届くのです。

聞こえなかったとはいえ、「夫の語りかけタイム」は夫婦の愛情と絆《きずな》を育む時間になりました。そしてわが子が生まれてから、このときに読んでいた絵本は子どものお気に入りの寝かしつけ絵本になりました。

知らない場所でも「コレ」で安心できる

新生児は、さまざまな理由で泣きます。お腹が減った、腸内ガスがたまった、眠い、暑い、寒い、オムツが濡れた……それらをすべてチェックしても、泣いている理由がわから

「匂い」をかぐと、新生児が泣きやむ

母親から離れたときに泣いた秒数の平均。
羊水の匂いの「あり」と「なし」を比較。

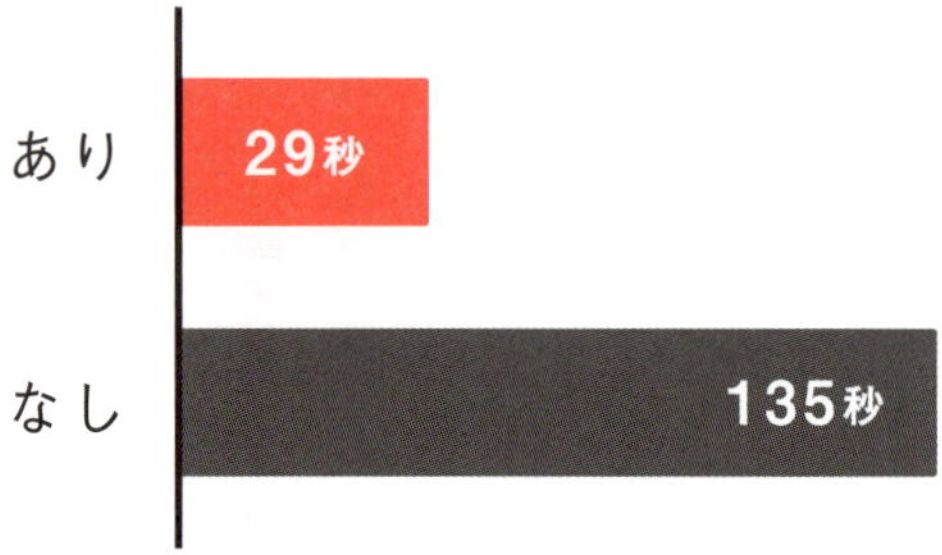

ないときも。毎回泣きやませるのは無理でも、**泣いている赤ちゃんを安心させることはできます**。ポイントは、次の3つです。

■①ママの「匂い」で安心させる

新生児の泣き方を観察した実験があります。誕生30分後に母親から1時間離れた赤ちゃんのうち、母親の「羊水の匂い」をかがせた赤ちゃんは、泣いている時間が30秒以下。かがせないと、2分以上泣き続けました。

新生児には、羊水の他にも安心できる香りがあります。たとえば「ママの香り」。**妊娠7か月になると、胎児は母親の匂いがわかります。**体臭はもちろん、毎晩お腹に塗っているローションの匂いまで（私のお勧めはロクシタンのアーモンドサプルスキンオイルです）。誕生後、

ほどなく「パパの匂い」にも親しみを感じるようになります。

かかとに針を刺して採血するときも、**安心できる匂いをかぐと、泣いたりむずかったりが軽減できます。**母乳育児の赤ちゃんには「母乳の匂い」も効果的です。実験で、赤ちゃんの鼻の下にバニラの香りをただよわせたところ、効果がありました。

■②お腹の中で聴いた「音」で安心させる

妊娠28週～41週にママが歌をうたったり物語を読み聞かせたりしたなら、その歌や物語を、誕生直後の赤ちゃんを安心させるのに使ってください。

■③慣れた「動き」で安心させる

赤ちゃんをママの体に密着させて散歩しましょう。赤ちゃんが慣れ親しんだリズムが感じられます。

子どもを泣きやませるには？

誕生してから最初の3か月は「妊娠第4期」とも呼ばれます。他の霊長類と比較すると、人の子どもはもっと子宮で過ごしてもよいのに、頭が産道を通れるうちに早めに誕生することになったのです。

このころは、新生児が子宮外の生活に楽になじめるように、**子宮内に似せた環境をつくるとよい**と言われています。

ハーヴェイ・カープ医師は、赤ちゃんを安心させる「5つのスイッチ」を提唱しています。

〈スイッチ1〉おくるみ
〈スイッチ2〉横向き・うつぶせ
〈スイッチ3〉「シーッ」という声や音
〈スイッチ4〉ゆらゆら
〈スイッチ5〉おしゃぶり

詳しくはハーヴェイ・カープ医師の著書『赤ちゃんがピタリ泣きやむ魔法のスイッチ』（講談社）を参照してください。

4 「さわる」ことは驚くほどの効果を発揮する

――歌いながらマッサージすれば、最高の気分に

スキンシップで「ストレス値」を下げる

最初の数か月は、赤ちゃんと絶えず触れ合いましょう。触れ合うことでハッピーな気分になります。

愛情のこもったスキンシップは、**赤ちゃんの認識力の発達と情緒の安定をうながす**ため、非常に重要です。触れることで神経伝達物質の放出がうながされ、それに連動して神経系が鎮《しず》まり、赤ちゃんのコルチゾール値、つまりストレスホルモンの値が下がります。

触れると脳に「安心」の信号が送られるのです。

恐ろしいことですが、何日もスキンシップがない赤ちゃんは、ぼんやりと空《くう》を見つめるだけになってしまいます。ストレス反応システムが損なわれ、次々に悪影響が起こります。

上手に触れ合うテクニック

最初の数週間は、授乳、ゲップ、昼寝、ウンチのお世話と、赤ちゃんの命を守ることに精一杯のはず。それでも1日のどこかで一段落して、「さてと、何をしようかな?」と思う時間があることでしょう。

そんなときは、赤ちゃんをスイングベッドに入れてテレビを見せるかわりに、「スキンシップ」をしましょう。

■肌と肌でじかに触れ合う

オムツだけの赤ちゃんを、ママやパパの裸の胸に乗せます。ベッドでも同じようにしてみましょう。室内ではトップレスで授乳し、ママの肌で赤ちゃんを温めましょう。寒ければブランケットに赤ちゃんごとくるまって。かかとの採血や注射のときも、**肌をくっつけたり抱っこしたりすると、赤ちゃんのストレスが和らぎます。**

■どこでも抱っこ

買い物やお散歩のときは、やわらかい素材のベビーキャリアやスリングを使って赤ちゃんを体に密着させましょう。ベビーカーの出番は、荷物が多いときと、体重が増えてから。

■毎日「8分間」のマッサージを

毎日8分間のマッサージを受けている生後4か月の赤ちゃんには、以下のような特徴が見られます。

- 「機嫌」がいい
- 「不安」と「ストレス」が少ない
- 「注意力」が高い
- 「睡眠パターン」が整っている

ママにも同じ効果があるのでは、と私は思います。

マッサージするときは、まずは赤ちゃんの背中から。次にお腹を。ほどほどの力をかけ、弱すぎてもいけません。ベビーマッサージはそもそも、インドの伝統的な習慣です。母親が自分の脚を伸ばして赤ちゃんを乗せ、温めたオイルでごしごしとマッサージします（ネットの動画を参考にしても）。

マッサージしながら、**話しかけ、歌をうたい、ほほえみかけましょう**。

無言でのよそよそしいマッサージは赤ちゃんのストレスレベルを上げるだけです。嫌がるようなら、さわり具合を調整するか、また今度に。いまは休憩したいのかもしれません。

データから　カンガルーケアのメリット

未熟児の赤ちゃんと母親に、肌と肌を直接触れ合わせるスキンシップ（カンガルーケア）を毎日続けてもらい、生後6か月から10歳までの経過を継続的に調べたところ、保育器で育てられた未熟児に比べて、**ストレス反応に優れ、睡眠パターンが整っていました**。母親の不安も軽減しました。

5 「真似」で脳の力を大きく引き出す
――子どもは親と「波長」を合わせながら育つ

子どもは「真似」されるのが大好き

赤ちゃんがパパやママに関わろうとアクションを起こしたら、その動作を真似しましょう。この「打ったボールが返ってくる」交流が赤ちゃんの脳の構築の基礎となり、ストレスの制御、共感力の向上、情緒の安定をうながし、脳の発達を助けるのです。

赤ちゃんが大好きなことは、次の3つです。

「表情を真似される」
「小さな声を出したときに優しい声が返ってくる」
「見つめようとしたら目をのぞきこまれる」

ただし、赤ちゃんには休息も必要です。私の経験ですが、生まれてすぐのころに、プレイマットに寝かせて、笑いかけたり優しく声をかけたりしていたら、娘が急に顔を左にそむけ、遠くをぼうっとながめる目つきになりました。

私は焦《あせ》ってしまい、「もしもし？　どうしちゃったの？」と声をかけてから、思い出してハッとしました。**赤ちゃんは、刺激が多すぎるときに以下の方法で伝えようとするのです。**

- 顔をそむける
- 目を閉じる
- 視線を避けようとする
- 体をこわばらせる
- 急に機嫌が悪くなる

娘は休みたいに違いない。理由がわかったので、名前を呼んだり顔の前で手を振ったりせずに、少し待つことにしました。娘はわずか数秒後に私のほうを振り返って、元通りになりました。

「感度のよい子育て」が信頼を生む

赤ちゃんが静かなときは辛抱強く待ち、関わりたがるときに関わってあげるのが、「感度のよい子育て」です。**赤ちゃんと波長を合わせ、赤ちゃんが出す合図に気づき、すばやく反応しましょう。**感度のよい子育てをされた赤ちゃんは、親との信頼関係「安心できる愛着」を築くことができます。

赤ちゃんの「関わりたい」「安心したい」という合図を日常的に無視したり拒絶したりする親は、信頼関係を築くことができません。つねに赤ちゃんと体を密着させているだけでは、心の触れ合いは育たないのです。

「親の反応」がないと元気がなくなる

ママと赤ちゃんの波長が合っているときは、体のリズムも合います。**顔と顔を向き合わせているとき、「心拍のずれは1秒未満に整う」**のです。

親のほうが波長を合わせないと、赤ちゃんはストレスを感じます。

ハーバード大学のエドワード・トロニック博士が、関わろうとする赤ちゃんを**母親が無表情で見つめるという実験**を行いました。

赤ちゃんは、笑いかけたり、指さしたり、手を振ったり、金切り声をあげたりと、あらゆることを試しますが、母親は無反応です。

すると赤ちゃんは徐々に、顔をそむけたり、泣いたり、元気がなくなったりしました。母親が無表情の演技をやめても、すぐには関わろうとしませんでした。ただし、一瞬の時間をおいたのちに信頼は戻り、関わりは回復しました。**赤ちゃんとの信頼関係は、こうしたプロセスを何年も経て築かれる（または破壊される）のです。**

6 笑って、抱きしめて、励まして

——いたずらで注意を引くのは「注目」が足りていないから

「ポジティブな注目」を与える

笑いかけ、ウィンクをし、励ましの言葉をかけると、ポジティブな家庭環境が生まれます。**子どもは、ポジティブなかたちで注目されると、ネガティブな方法で注目を集めたがらなくなります。**

7 子どもと一緒に「家事」をする
――家事を「楽しみ」の時間に変える

「そうじも」も「ゴミ出し」もこんなに楽しめる

子どもと一緒に家事をすると、はるかに多くの時間がかかります。でも、いいんです。親の用事に子どもを関わらせることで、**「たくさん教えて、たくさん話しかける」ことができます**。いとおしく思える大切な瞬間が、ますます増えることでしょう。

子どもと一緒に友人に会ったり、本を読んだり、音楽をかけて踊ったり、散歩をしたりする時間があるなんて、素敵じゃないですか？

家事の工夫のために私が使ったテクニックをご紹介します。

■ **一緒に「料理」をする**

- お座りができないうちは、ベビーキャリア（抱っこひも）に入れる。

- 子ども用のイスに座らせて、ダイニングルームのテーブルで調理をするか、イスをキッチンに移動。**食材の説明をして、さわらせたり味見をさせたりする。**
- 床に座らせて、ブロックやままごとセットを並べ、親がしていることを説明する。
- キッチンに子ども用のイスを用意。「見学タワー」から料理の様子を見せ、**包装紙を捨てたり、材料を鍋に入れたり、混ぜたりを手伝わせる。**
- ミキサーで野菜ジュースをつくる。うちの娘は梨をかじったり、半分に切ったレモンをしぼったり、ミキサーがぐるぐる回るのを見たりするのが大好き。ミキサーのスイッチを入れるときに「大きな音がするわよ、いち、にい、さん……」と言って、一緒に踊っています。

一緒に「洗濯」をする

- 子どもに汚れものを洗濯機に入れさせる。
- 服をたたみながら、いないいないばあをして遊ぶ。
- よちよち歩きの子どもに、**自分の服を部屋まで運ばせる。**
- 洗ったシーツを敷く前に、赤ちゃんとベッドに寝そべってシーツを宙にひるがえして、ふんわり落ちてくる布の感触を楽しむ。

■一緒に「おそうじ」をする

- お手伝いさせる。娘は1歳6か月のころから、私がほうきで掃除をしているとちりとりを出し、こぼしたら拭《ふ》いてくれるようになりました。
- 食洗機から出した食器を、お片付けさせる。「○○ちゃんのお皿を、棚に入れてくれる？　踏み台を持って来て、引き出しにスプーンをしまってくれる？」

■一緒に「買い物」をする

- 徒歩が一番。もしくはバスに乗りましょう。通りすがりの人が赤ちゃんに話しかけてくれたり、歩きながら面白い景色に出くわしたりします。
- 用事は「1日にひとつ」でよしとする。たとえば私は、8キロ先の店まで歩いたことがあります。たくさん見るものがあり、友人にばったり会い、途中でランチもしました。帰りはバスを使いました。ひとつの用事に何時間もかかったけれど、素敵な1日が過ごせました。

CHAPTER 2

語りかけ

言葉のシャワーが「IQ」を上げる

この世界について「豊かな言葉」で説明してあげましょう。
「これ、ざくろよ。きれいな色でしょう?　濃い赤色だわ、ルビーのような」
歩きながら、階段の数をかぞえましょう。
今日の1日を振り返りましょう。
あらゆることをつぶやきましょう。
たくさんおしゃべりをしましょう。
毎日読み聞かせをしましょう。

8 ハイトーンのゆっくりな「親語」で語りかける

――子どもがよく聞く「話し方」がある

親語で「興味しんしん」になる

赤ちゃんに語りかけるときのコツ。**抱っこして顔を近づけ、ゆっくり母音を引き伸ばし、陽気なハイトーン**でおしゃべりしましょう。

これを「親語（親が乳幼児に語りかけるときの話し方）」と呼びます。**この話し方をすると、1歳半までの子どもが言葉を真似しやすくなります。**母音や単語がはっきりと聞こえ、正確に聴き取りやすくなるからです。

ハイトーンの声は、赤ちゃんの小さな声道（大人の4分の1のサイズ）が出せる限られた音域と重なります。

大切なのは「内容」よりも「話し方」

新生児は大人の話し方よりも「親語」を好むことが、何十年もの研究によってわかっています。

- 赤ちゃんが「親語」を聞くと、外国語でも心拍数が上がる。
- 生後5か月では、**「親語」でほめられると笑い方が、「親語」で注意されると困り方が、普通の話し方のときに比べて大きくなる。**
- 生後12か月の赤ちゃんに絵を見るよう指示をするときに、**「親語」で話したほうが言うことをきく回数が多かった。**

いますぐやってみて!

雑誌を赤ちゃんに読み聞かせてみましょう。パートナーに読んであげるようなトーンと速度で読み聞かせて、赤ちゃんの反応を観察します(うちの子は、いやがって私の唇を指でつまみました)。

次に同じ記事を「親語」で読みます。**赤ちゃんの目をのぞきこんで大きく目を見開き、ほほえみながら朗読する**のです。

内容が、「そのタイミングで警官にばったり会うとは、人生最悪の瞬間だった……」であっても、赤ちゃんは興味しんしんです！

9 3歳までに「言葉を浴びせる」ほどIQが上がる

——話しかけるたびに子どもは賢くなっていく

この語りかけで、子どものIQが高くなる

3歳までにたっぷり言葉を聞いた子どもは、語りかけが少なかった子どもに比べて、**語彙力とIQが高く、成績が良くなります。**

では、いつからスタートすべき？ **出産予定日の10週間前からです。** 胎児は、母親の体内で反響する音を聴いて、言葉を吸収しはじめます。

■「豊かな語彙」で語りかける

やさしい言葉で端的に説明しましょう。**赤ちゃん言葉にこだわる必要はありません。** いずれにせよ、赤ちゃんはほとんどの単語を知らないのですから。

「見て、ひこうき！」と言うかわりに「あれは水上飛行機よ。飛行機に脚が2つあるわ

ね。あれは『フロート』というの。フロートがあるから、飛行機が水の上に浮いていられるのよ。水上飛行機は水に浮くの」などと説明してあげてください（私が娘にこういう説明をすると素直に「ふうん」と応じます）。

■「前向きな言葉」で語りかける

励ましの言葉をかけましょう。たとえば、次のどちらが子どもの励みになるか、おわかりですね。

「まあ、お水をコップに入れるのね！　おっとと、水がこぼれたわ。そうね、コップをならべるのって、むずかしいわよね。いいわ、もう一度やってみましょう。手を使って、ここを押さえて……」

「ママがやるから、やらなくていいわよ。あなたがやるとこぼしちゃう」

前向きな語りかけのコツは、次の3つです。

①子どもの言葉を言い換えて「くり返す」

「ボール！　そうよ、○○ちゃんはボールで遊んでいるのね」

②「前向きなフィードバック」を与える

「上手」「そうよ」をたくさん使い、「ダメ」「やめて」「下手」はなるべく言わない。

③命令調ではなく「ていねいに頼む」

「〜してくれる?」「〜できるかな?」

何かをしてくれたら、「まあ、ありがとう!」と感謝。

■じかに語りかける

会話を横から聞くだけでは、子どもの語彙力や語学力に大きく貢献しません。CDやビデオを流すのも同じこと。**脳は、顔と顔を合わせた対面の関わりによって刺激を受けます。**その傾向が非常に強いため、実際の人との関わりの多さが言語学習の成果を大きく左右することになります。

■つねに語りかける

話しかけられる回数が多い子どもは、脳が活性化します。出かける場所や会う人を増やすことが、見るものを説明したり名前を教えたりする機会につながります。

「新生児～お座り期の赤ちゃん」に語りかける

話しかけても答えない相手にどんどん話しかけるのは少々違和感があるでしょうが、そのうちに慣れます。

■音読する

新聞の記事を音読に使えば、親にとっても時事ニュースに触れられる時間になります（赤ちゃんが新聞を破って口に入れないように注意）。

■これからの予定を説明する

赤ちゃんには、思った以上の理解力があります。何かをするときやどこかに連れて行くときは、先に説明するとよいでしょう。

「オムツを替えるわよ。おしりふきを使うわね。両脚を上げて……はい、下ろして」「帽子をかぶせますよ。一緒にお散歩に行きましょうね」「今日はおばあちゃまが会いに来てくれるわよ」

■親の1日を話して聞かせる

親がすること、見ること、思うこと、感じることを、説明しましょう。目を合わせ、笑いかけ、くすぐりながら。話の「内容」は重要ではありません。

上手に語りかける「コツ」

■洗濯物をたたむとき

「まあ、よかった、靴下が2足そろってるわ。靴下が2足、そろってる！　なくさないように、上を折り曲げてまとめておこうね。これでよし」

「このシーツ、温かくて気持ちいいわね！（赤ちゃんの頭にシーツをかぶせて）○○ちゃん、どこかなー？（シーツをめくって）あ、○○ちゃん、見つけた！」

■散歩に行くとき

今日の行き先と、通りすがりに目にする景色を説明しましょう。

■服を着せるとき

「さあて、今日はどのシャツを着る？　ママはこれがお気に入りよ。頭にかぶせるわよ（赤ちゃんが逃げようとすると）いらっしゃい、おさかなちゃん。まだ終わってないわよ（と、赤ちゃんを抱き寄せてキスをする）。左の腕を通して。右の腕を通して。いいわよ。まあ、かわいい。かわいこちゃんだこと！」

■哺乳瓶のミルクをつくるとき

「キャップ。ミルク。お湯。しめて。ふって、ふって、ふって！」

「よちよち歩きの子ども」に語りかける

成長して活発になると、語りかけがラクになり、違和感が薄れます。

■子どもがしていることを「実況中継」する

「○○ちゃんは引き出しを開けました。閉めました。開ける。閉める。開ける。閉める。よくできました！　引き出しを引いて開ける。引き出しを押して閉める。引く。押す。引く。押す。あら、ペンだわ。○○ちゃんは、引き出しのなかからペンを見つけました。まあ、ペンのキャップを取ったわね！　それ、ママが預かるわ」

■「関心を持っていること」を説明してあげる

「そうよ、それはパパのヘルメット。ヘルメットよ。パパが頭にかぶるの。ストラップをあごでぱちんと止めるのよ。これで安全に自転車に乗れるの」

■単語から「文章」をつくる

「フ・タ。これはフタよ。お鍋にかぶせるもの。ママはお鍋にフタをかぶせる。○○ちゃん、お鍋にフタをかぶせてくれるかな？」

おしゃべりが始まると、こういった関わりが楽しくなります。それに、たまらなくキュートです。子どもはたちまち、親の言うことをなんでも真似しはじめます。言ってほしい言葉を教えましょう。

3歳までに聞く「単語数」が語彙力を決める

貧困層が通うプリスクールの教師のベティ・ハートは、4歳児の語彙力を向上させるべくあらゆる手をつくしましたが、望みはかないませんでした。

彼女がカンザス大学の修士課程の指導教官トッド・リズリーと共に出した結論は**「4歳では手遅れ」**というものでした。

2人は理由を知るために、42世帯の追跡調査を開始。2年6か月にわたり、1か月に1時間の頻度で、家庭内のすべての会話を録音してもらいました。

録音テープは合計1300時間。書き起こすのに6年かかりました。

ハートとリズリーは、裕福な親と貧困層の親の子どもとの会話の違いを分析する過程で、**さまざまな角度から「会話の質」を研究**しました。名詞と動詞を混在させている語彙のレベルは？　前向きな会話か、ネガティブな会話か？

その結果、**最も興味深い変数となったのが「単語数」**でした。

- **生活保護を受けている世帯の子どもが聞く単語数は、1時間に「平均600語」。**
親が専門職に就いている世帯の子どもは、1時間に「2100語」。
- **親が専門職の家庭の子どもは4歳までに「4800万語」の語りかけを受けている。**
貧困層の家庭の子どもは「1300万語」。これでは、貧困層の子どもは語彙力と会話の獲得に遅れが出て当然で、この差はのちの学習力に影響する。
- **子どもが3歳の時点の言語能力から、9~10歳の言語能力は推測できる。**

毎日「2万1000語」を聞かせるといい

語彙力とIQが高く、成績優秀な子どもに育てるには、どのくらい「たくさん」聞かせるべきなのでしょう？

研究によると、そのために必要な単語数は1日2万1000語。1時間あたり2100語です。かなり手ごわく感じませんか？　私も最初はそう思いました。

でも、1時間2100語は、休みなくしゃべり続けなければならない分量ではありません。**1時間に15分間おしゃべりしている程度の分量です。**

10

脳を刺激する「読み聞かせ」をする

──「本好き」に育てるために親ができること

年齢によって「読み聞かせ」のスタイルを変える

子どもへの読み聞かせは、「ページに書いてある言葉を声に出して読む」だけでは足りません。

■読み聞かせるというより「本」に接させる（6か月まで）

丈夫なボードブック（厚紙でできている本）を読んであげましょう。**赤ちゃんがかじっても気にしない。**

親自身が読みたい雑誌や小説を声に出して読んでもOK。赤ちゃんを言葉に触れさせながら、自分の時間が持てます。

■「写真」や「絵」を説明する（6か月～12か月）

「黄色いお花はどれ？」などと話しかけて、指さしをうながします。**ページをめくらせて、紙の質感に触れさせましょう**。この月齢の子どもは、物語の内容にあまりこだわりません。終わりまで読めなくても気にしないで。

■魅力あふれる「読み聞かせ」で引きつける（12か月～1歳半）

声色を変え、身ぶり手ぶりを大きく使って。ハチが飛んでくる場面では、「ブーン」と言いながら子どもに近づいてキスをする。キャラクターの動きに合わせて、子どものお腹に指をはわせる速度を変える。

毎日続けましょう。**1日5分や10分でもOKです**。

1歳半ごろから、少しおしゃべりをするようになったらアプローチが変わります。

■子どもの「読み語り」をうながす（1歳半～3歳）

同じ本をくり返し読むのなら、親が読む部分を徐々に減らして、子どもにたくさん語らせましょう。本を指さし、モノの名前を教え、子どもに質問をしましょう。**子どもにも参**

加させるスタイルの読み聞かせを15週間続けると、子どもの口語能力がアップしたというデータがあります。

言語力を伸ばす「4つの方法」

ニューヨーク州立大学ストーニーブルック校のグローバー・ホワイトハースト博士が率いる「ストーニーブルック・リーディング&ランゲージ・プロジェクト」は、幼児の言語発達をうながす4つの方法の頭文字を取った「PEER」というテクニックを開発しました。

■①うながす（Prompt）

本について子どもに何か言わせる。たとえば鳥を指さして、「これはなあに？」

■②評価する（Evaluate）

子どもの答えを評価する。子どもが「とり」と答えたなら、「正解！」

■③ふくらませる（Expand）

言い換えや情報の追加によって、子どもの答えをふくらませる。「これはハトよ」

■④くり返す(Repeat)

ふくらませた情報をくり返させる。「ハトって言ってみて」

発語が始まったら、モノの名前をたずねてください。「これ、なあに?」と。**その後は「いつ」「どこで」「なぜ」、そしてさらに「なに」をたずねます。**「月はいつのぼる?」「動物たちは、みんなどこに行ったの?」「このずるいゴリラは何をしているの?」

こうした質問に答えられるようになったら、自由に答えられるタイプの質問をしましょう。「この絵では、何が起こっているの?」

ホワイトハースト博士によると、1冊の本を1、2回読めば、ほぼすべてのページで「PEER」を使えるようになります。

いますぐやってみて!

文字の少ない絵本を探してみましょう。人気絵本『おやすみゴリラくん』(ペギー・ラスマン、徳間書店)は、各ページに「おやすみ」以外の言葉はほとんどありません。『漂流物』(デイヴィッド・ウィーズナー、BL出版)は、まったく文字がありません。絵に基づいてストーリーを創作しましょう。

読むことより、あいまの「会話」のほうが重要

■本を使って「言葉遊び」をする（1歳半〜3歳）

韻を踏むなど言葉遊びの要素がある本がお勧め。読んであげるときは、少し間を置いて、子どもに文の最後を言わせても。

■子どもに朗読させる（4歳〜5歳）

間違えたらきちんと正してやり、率直な評価を与えるようにすると、「単語の認識力」「言葉の流暢《りゅうちょう》さ」「理解力」が格段にアップします。**読むのが得意な子も苦手な子も、続ければ続けるだけ効果があります。**

■物語の出来事を現実と結びつける（4歳〜5歳）

「昨日、こんなお船を見たよね。覚えてるかな？」「○○ちゃんも、こんなふうにイライラしたことあったよね？」

■読み聞かせながら、物語について質問する（4歳～5歳）

子どもがあまり理解しなかった箇所は、もう一度読み直して。再読する前後に、話の流れについて質問します。「フランクリンは、犬を飼いたかったのかな？　そのときお父さんとお母さんは、どうしたかな？」

子どもにも質問をするようにうながしてください。**本を読むこと自体よりも、読んでいるあいだの親子の会話のほうが重要**であることを示唆《しさ》するデータがあります。

子どもを「本好き」にするには？

読書はたんなる娯楽ではなく、人間には本が「必要」です。

本は、新しいアイデアや可能性に心を開かせてくれ、情報を与え、時には人生にひらめきを与えてくれます。親子の絆を楽しく育む手段でもあります。

新しい言葉を学習するにあたり、読書に優る方法はありません。**会話だけでは、読書から得られるほどの語彙力はつきません。**

子ども向けの本には、大学教育を受けた大人が会話で使う語彙の2倍近くが使われていることが多いのです。

語彙力があると、学校の授業の理解力が上がります。なぜなら、**読んでいる「言葉の意味」よりも、読んでいる「内容」を理解するほうに多くの時間が割ける**からです。

子どもを「読書好き」（学校の外で1日20分読書をする小学生）に育てるには、小さいうちからたくさん話しかけて読み聞かせをすることです。

しかし、いちばん下の子どもが5歳以下の家庭では、子どもに毎日読み聞かせをする親はわずか60パーセント。フルタイムで仕事をしていたり、2人以上の子どもがいる家庭では難しいのが現状です。

ひとつ、時間をつくれるよい方法があります。**テレビを消すことです**（２０９ページ参照）。

11

「すごいね」ではなく「よくがんばったね」とほめる

――子どもの「努力する力」を伸ばすほめ言葉

「プロセス」をほめると「挑戦する力」を育める

子どもに感心したときの親のほめ言葉は、次の3種類に分けられます。

①「いい走りだったね！」（努力や計画、行動に焦点を当てたほめ言葉）
②「足が速いんだね！」（生まれ持った能力に焦点を当てたほめ言葉）
③「すごい！」「へー！」（右記以外の励ましの言葉）

では、子どもの学ぶ力や挑戦する力を育むのに一番よいほめ言葉は？

答えは①。「プロセスをほめる」のです。

わずか1歳でも効果があります。

親のこのほめ言葉で「根気」が身につく

1960年代から「意欲と根気」の研究を続けてきたスタンフォード大学のキャロル・ドゥエック教授は、「サイエンティフィック・アメリカン」誌への寄稿で、こんな疑問を投げかけました。

「なぜ、難題に直面したときにあきらめる学生と、スキルは同等なのに粘り強く学ぼうとする学生がいるのだろう？」

教授が突き止めた**両者の差は、「できない理由の捉え方」**でした。

なぜ、数学のこの問題が解けないのか。なぜ、このピアノ曲が上手に弾けないのか。その理由の捉え方には、幼少期のほめられ方が深く関わっています。

子どもは、次の2つのタイプに分類されます。

- 成功は、生まれつきの才能や頭の良さの結果だと信じる子（硬直マインドセット）
- 成功は、一生懸命がんばった結果だと信じる子（成長マインドセット）

■挑戦を避ける「硬直マインドセット」

硬直マインドセットの子どもは、生まれつきの知能がどこまでもついてまわると信じています（マインドセットとは思考様式のこと）。「がんばる必要があるのは、才能がないからだ」「才能があれば、自然にうまくできる」という言葉に同意します。

こういった子どもは、失敗すると追いつめられたように感じてしまいます。自分にはそれほどの才能や頭の良さがないと考え、できない子だと思われるのを恐れて、挑戦することを避けます。

「硬直マインドセット」に子どもを導くのは何か？　**「才能・人格をほめる」**ことです。

■努力を好む「成長マインドセット」

成長マインドセットの子どもは、知性は努力によって身につくと信じています。勉強すればするほど、賢くなれると考えます。このタイプの子どもは、たとえ天才でもがんばる必要があると考え、挫折したときは、もっと時間と努力を積み重ねることで乗り越えられると信じています。

できる子だと思われることよりも学ぶこと自体に価値を置き、**困難な課題にも粘り強く**

取り組みます。

「成長マインドセット」に子どもを導くのは何か？　**「プロセスをほめる」**ことです。

4歳までに「考え方の型」ができてしまう

わずか4歳で、いずれかのマインドセットができあがっています。キャロル・ドゥエックの著書『マインドセット――「やればできる！」の研究』（草思社）に、興味深い実験が紹介されています。

「4歳の子どもを集めて、かんたんなジグソーパズルをさせる。その後、かんたんなジグソーパズルをもう一度するか、難しいジグソーパズルに挑戦するかを選んでもらうと、**硬直マインドセットの子どもは安全なほうを選んだ**。それは『賢い子は間違わない』と言った子たちだった」

子どもが学校に通うようになり、いずれ社会人になったときも、**子どものころに植えつけられた考え方が強く影響する**のは間違いありません。

知っておくと便利！

歩き始めのころは、男の子のほうが、女の子よりも多く「プロセス」をほめられる体験をします。このころの子どもが聞くほめ言葉のうち、男の子が聞くプロセスへのほめ言葉は24パーセント、女の子はわずか10パーセントです。

子どもはこう言います

■硬直マインドセット

「学校の勉強でいちばん僕がやりたいのは、自分ができる子だと証明すること」
「正直に言うと、学校の勉強をがんばっているときは、自分があまり頭が良くないような気がする」
「この科目はできればもう取りたくない」

■成長マインドセット
「授業で新しいことを習うことのほうが、一番の成績を取るよりもはるかに大切だ」
「がんばればがんばっただけ、上手になる」
「今日から、この科目はもっとがんばってみる」
(Copyright Mindset Works, Inc., mindsetworks.com)

データから　子どもの「意欲」を上げる言葉って？

子どものマインドセットはどこから来るのでしょう？

スタンフォード大学のキャロル・ドゥエック教授が小学5年生の子どもを集めて無作為に2つのグループに分け、ＩＱテストに取り組ませました。

1番目のグループには、「とてもいいスコアね。**あなたは頭がいいのね**」と伝え、2番目のグループには、「とてもいいスコアね。**がんばって取り組んだのね**」と伝えます。

その後、子どもたちへのテストを続けたところ、**努力をほめられた子どもは、選択肢を**

与えられると、難しいテストに挑戦したがる傾向がありました。学習意欲を感じ続けることを好み、問題が難しくなっても自信を保ち続けました。

頭の良さをほめられた子どもは、簡単なテストを選びたがり、問題が難しくなると自信を失い、スコアを自分で計算させると点数を水増しする傾向が見られました。

ドゥエック教授たちは、今度は実験室ではなく家庭で調査を行いました。2年間にわたり、4か月に1度、スタンフォード大学とシカゴ大学の研究者が53の家庭を訪問し、普段通りの生活の様子を90分間撮影しました。開始当時、子どもたちは1歳2か月でした。

教授たちは、こうして集めた記録を基に、親が使うほめ言葉のうち「プロセスをほめる」「才能をほめる」「その他」のパーセンテージを計算しました（親には、子どもの言語発達の研究の一環だと伝え、ほめ言葉に特化した研究であることは伏せておきました）。

調査から5年後。7歳と8歳になった子どもたちに、挑戦意欲と学習意欲について調査を行った（例：「迷路をやるなら、とても難しくてたくさんのことが学べる迷路をやりたい？」）

ところ、**成長マインドセットを持つ子どものほうが、挑戦を好むという結果になりました。**

そして、成長マインドセットを持っていたのは、よちよち歩きのころに「プロセス」をほめてもらった子どもたちでした。

成長マインドセットを植えつける「2つの方法」

■努力をほめる

「努力をほめる」には努力が必要だと感じます。私自身、赤ちゃんの行動に感心したときに反射的に出てくるのは「まあ、上手な子ね！」といった、能力をほめる言葉でした。

そういう親は、私だけではありません。 ドゥエック教授の調査によると、85パーセントの親が「子どもが上手にできたときには、賢いと感じさせるために、能力をほめることが必要だ」という意見に賛成しています。ドゥエック教授は、この心情こそが、大半の親が（自身は成長マインドセットを持っている人でさえ）子どもの才能をほめてしまう原因だと考えています。

「努力をほめる。才能はほめない」。声に出して唱えましょう。

「成長マインドセット」を伸ばす声のかけ方

	これを増やす！ 「プロセス」をほめる	これを減らす！ 「才能」をほめる
幼児	「いい走りだったね！」	「足が速いんだね！」
	「がんばったね」	「頭がいいね」
	「お口を閉じてくれて ありがとう」	「いい子だね」 「さすがお兄ちゃんだね」
	「上手に絵を描いたね！」	「絵の才能があるね！」
小学生以上	「よくがんばりました！」	「すごく頭がいいね！」
	「きみには簡単かな。もっと 難しいのをやってみよう」	「これの才能があるね」
	「その問題に対する 取り組み方がいいね」	「すごい。勉強しないで Aの成績を取ったね」

その他
上記のどちらにもあてはまらないほめ言葉「すごい！」「やったね！」などは、マインドセットに影響するデータはないが、励みにはなる。

（キャロル・ドゥエックの研究より）

■脳のトレーニングをさせる

「脳は筋肉と同じで、使えば使うほど鍛えられる」と子どもに教えましょう。

脳をトレーニングするには、「技能を練習する」こと、そして「新しいことを学ぶ」ことが有効です。

脳の改造は、何歳になっても手遅れではありません。硬直マインドセットを持った中学生と大学生も、この事実を教わって成績が上がったという事例があります。

12 楽しく「ベビーサイン」で会話する
――小さいころから「コミュニケーション力」をつける

こんな「ベビーサイン」を使ってみよう

おしゃべりのできない赤ちゃんが要求を伝える方法が「ベビーサイン」です。

まずは親が、赤ちゃんに関連したいくつかのサインを覚えましょう。「ミルク」のサインは牛の乳しぼりのようなジェスチャー。「もっと」は左右の指先をポンポンとくっつけます。赤ちゃんにサインを教えましょう。

こうすれば、**赤ちゃんは言葉が始まる何か月も前から要求を伝えられます。**

赤ちゃんのおしゃべりは愛らしいけれど意味がわからない、というママを、赤ちゃん自身が助けてくれるのです。

「イライラ」「問題行動」が激減する

コミュニケーションが取れる（理解してもらえる）ようになると、赤ちゃんが泣いたりむずかったりする時間が大幅に減ります。

研究者は、ベビーサインを使うことが、**言語の遅れに関連した問題行動の防止につながる**と考えています。とりわけ発達障害や感覚障害の子どもに効果が認められています。

ベビーサインを覚えることで発語が遅れる、という説もありますが、その関連性を証明するデータはありません。

教え方は「厳しく」「のんびり」の2通り

ベビーサインは書籍などでも紹介されていますが、私は友人と一緒にベビーサインの講座を受けました。習ったサインは、食べ物と動物、「ママ」「パパ」「熱い」「冷たい」「お腹がすいた」「喉がかわいた」「もっと」「できた」「遊ぶ」「寝る」「痛い」「どこ」「ちょうだい」「ありがとう」など。

生後6か月になれば、6週間ほど訓練をすればベビーサインを使うことが可能です。ただし、うちの娘はもっと時間がかかりました。「トレーニング」というよりも「遊び」程度に、返事をするついでに使っていました。

研究者と同じように赤ちゃんに教えたい人は、以下のように「オペラント条件づけ」の理論を用いて訓練しましょう。

おやつの時間に切り分けた梨を出すときは、ひと切れを赤ちゃんにあげて「梨」のサインを見せ、以下のステップに従います。

①2つ目の梨を見せて、赤ちゃんがサインをつくるまで5秒間待つ。
②赤ちゃんがサインをつくらなければ、親がサインをつくる。ふたたび5秒間、赤ちゃんがサインをつくるのを待つ。
③赤ちゃんがサインをつくらなければ、赤ちゃんの指でサインをつくり、梨をあげてから、親がサインをつくる。
④くり返す（研究者は1回につき5分、1日に数回行う）。

赤ちゃんが自分でサインをつくったら、梨をあげて「そう！　その通り、梨よ！」とほめる。赤ちゃんがときどき5秒以内にサインをつくれるようになったら、次は待つのを10秒まで引き延ばします。その次は20秒に。なお、こうして徐々に時間を延長するのはステップ①についてだけです。ステップ②については5秒だけ待ち、親がサインをつくったら5秒後に赤ちゃんにサインをつくらせます。

私はこれほど型通りにはトレーニングをしませんでしたが、4か月近くかかって**のんびり教えただけでも、ずいぶん効果がありました**。娘が、言葉をしゃべらないうちから「ミルク」「ウンチ」をサインで教えてくれたのは感動もの。私のお皿のブルーベリーが欲しくてたまらないときに「ウー!ウー!ウー!」と叫ぶのではなく「ちょうだい」のサインをつくるのだと教えるのは楽しい作業でした。

「語彙」が増え、「記憶力」が上がる

ベビーサインの数十年にわたる研究から、正常な聴力を持つ子どもへの効果がわかっています。複数の研究で、プリスクール、幼稚園、小学1年生の子どもに、アメリカ手話法（ASL）を1年間勉強してもらったところ、興味深い結果が出ました。

■「語彙」が急増する
幼稚園児は、小学2年生に匹敵する語彙力がついた。

■「読書力」が上がる
幼稚園児の読書力のテストの点数が上がった。

■「単語」を長く記憶できる
プリスクール児の短期記憶力がわずかに上昇した。

■「視空間認知力」が向上する
物体の視覚的認識、パターン照合、心的イメージ、回転させたり方向を変えて想像する際などに役立つ視空間認知力（エンジニアや建築家に求められるスキル）が上がった。

■子どもが「喜ぶ」
熱心に覚えようとし、もっと多くのサインを教えてほしがる（教師からの報告によると、授業態度も向上。集中力が求められるため）。

■効果が「持続」する

追加でトレーニングを受けなくても、3年後の語彙力が大きく伸びた。

いますぐやってみて！

- 赤ちゃんとのやりとりで「**よく使う言葉**」**から覚える**。すべてのサインを覚えるという膨大なタスクに身を投じないこと。
- 生活のできるだけ多くの場面でサインを使う。「最初の1か月に12種類のサインを使うのを目標に」とは私の講師のアドバイス。
- できるだけ組み合わせて使う。「パスタ？」よりも「パスタ・もっと・食べる？」と。
- 辛抱強く。**赤ちゃんがサインをつくるまでには、気が遠くなるほどの時間がかかる**。あきらめたりイライラしたりしないで。
- 赤ちゃんはサインをアレンジして使うこともある（娘の場合、「ください」を正規の片手を胸でくるくる回すのではなく、両手をお腹に当てて横に引いていた）。

13 「外国語」で遊ぶ日をつくる
——「2つの言語」で子どもの脳を開花させる

子どもを「バイリンガル」にする

子どもをバイリンガルに育てるには、具体的にどうすればよいのでしょうか。

心理学者フランソワ・グロスジャンは、**第二言語の強化は「家庭外」で行うべきだと主張します。**

たとえばベビーシッター、図書館のお話会、地域のイベント、第二言語によるプリスクール、そして**最強なのは「遊び友だち」**です。

なぜなら、その言語を獲得したいという意志を持つためには、明確な用途が見える必要があるからです。

その言語を話す友だちがいれば、十分な理由になります。

「生身の相手」からしか学べない

生後9か月の赤ちゃんは、一度も耳にしたことがない言語を学べるのでしょうか？

ワシントン大学のパトリシア・クール教授が興味深い実験を行いました。英語しか話さない両親を持つ赤ちゃんに、4週間にわたり、週に3回、25分ずつ、中国人と一緒に本読みと遊びを行わせたのです。

そして中国語の音を聞いたときの赤ちゃんの脳の活動を調べたところ、遅くとも1か月後には、**その赤ちゃんは、台湾で生まれた赤ちゃんと同程度に、中国語の母音と子音を聞き分けている**ことがわかりました。

ただしこの結果が出たのは、生身の人間から言葉を聞いたときだけでした。**テレビや録音テープで中国語にふれた赤ちゃんは、何ひとつ学ばなかった**のです。

2歳を過ぎると、子どもはスクリーンから学べるようになってきますが、やはり人と直接的に関わるのが最も効果的です。

バイリンガル教育は「脳」にいい

親からの心配としてよく耳にするのは、「複数の言語を学ぶと赤ちゃんの言語習得が遅れるのでは？」。でも、これを裏づける証拠は見つかっていません。

1つの言語のみを与えた子ども（モノリンガル）、2つの言語を与えた子ども（バイリンガル）共に、予測される範囲内で言語学習の到達点に達することが、数々の研究からわかっています。

バイリンガルの環境にある子どもが1文のなかで言語体系を切り替えるのは自然な現象（「コードスイッチング」と呼ばれる）であり、言語の遅れや混乱の兆候ではありません。

むしろ、**バイリンガルの環境は赤ちゃんの脳にプラスに働きます**。モノリンガルの環境の赤ちゃんに比べて、バイリンガルの環境の赤ちゃんは以下の点で優れています。

■言語学習を受け入れる時期が長い

バイリンガルの環境の赤ちゃんの脳は、通常なら生後8～10か月のところ、10～12か月になっても複数の言語の音の聞き分けができます。

「メンタルの切り替え」が上手

人の脳は、単語の最初の音が聞こえると即座に、残りの単語を推測しはじめます。2つの言語を使う**バイリンガルの人は、1つの単語を聞くと2言語のスイッチが入ります。**

絶えず複数の言語を切り替える作業は、赤ちゃんの認知力のトレーニングになり、こういった訓練をくり返すことで、環境を観察する能力や、言語と関係なく状況に応じて一連のルールを切り替える能力が発達します。

バイリンガルとモノリンガルの環境の生後7か月の赤ちゃんを比較した実験で、音で合図を出して画面の片側に指人形が現れるようにしたところ、音が聞こえると、両方のグループの赤ちゃんは、さっきと同じ場所に指人形が現れることを期待して片側を見つめました。

つぎに、指人形が反対側に現れると、その後、**バイリンガルの環境の赤ちゃんはすぐさま期待する場所を反対側に切り替えました**が、モノリンガルの環境の赤ちゃんは、そうしませんでした。

■「創造性」が高い

「架空の花の絵」を描くように指示すると、バイリンガルの環境の4～5歳児は、凧《たこ》と花を組み合わせたような絵を描き、モノリンガルの環境の子どもは花びらや葉が欠けた絵を描きました。

■「実行機能」のスキルが上がる

「色つきブロックでつくった模様を再現する」「複数の数字を声に出して復唱する」「言葉を定義する」「頭の中で算数の問題を解く」といった課題を子どもたちに与えたところ、**バイリンガルの子どもたちは明らかに正解率が高い結果に。**

これらのテストは「実行機能（思考や行動を制御する認知システム）」の一連のスキルを測定するものです。

「7歳まで」なら間に合う

外国語にどの程度触れさせれば「足りる」かについて、明確なデータはありません。研究者が、子どもがどの言語に1日何分触れたかを親に正確に測定させるのは不可能だからです。親が子どもに求める目標（「自在に操る」「理解できればよい」など）をはっきりさせれば、アプローチ法が探れるでしょう。

研究者は「早く始めるのがベスト」と断言します。

7歳までの子どもは、第二言語を、ネイティブスピーカーとほぼ同等の堪能さで獲得することができます。

7歳をすぎると、獲得できる言語レベルが急激に落ち込みます。もちろんその後も言語学習は可能ですが、脳の別の回路から理解することになり、獲得レベルが低くなります。

CHAPTER 3

生活習慣

「記憶力」と「集中力」が上がる
食べ方、寝方

子どもには、あらゆることのやり方を教えなければなりません。
ユーモアのセンスがあれば、楽しくできます。

14

よく眠らせて「記憶力」と「集中力」を育てる

——リズムを知れば、寝かしつけがラクになる

「睡眠」は脳も心も体も育てる

しっかりと休息する赤ちゃんは**「記憶力」「集中力」「適応力」**が育ち、「ストレス」「かんしゃく」「ぐずり」が少なくなります。

産後すぐから始められる最良の子育て方法のひとつは、**「日中に赤ちゃんを長時間目覚めたままにしないこと」**。新米ママパパは、赤ちゃんの眠りたいサインをうっかり見過ごし（または無視し）て、刺激の強すぎる環境にさらしてしまうものです。

赤ちゃんは、疲れたとき以外にも眠くなります。でも睡眠をつかさどる体のバイオリズムは、覚醒の度合いを減らすだけで、赤ちゃんを確実に睡眠に導くわけではありません。

だから、**赤ちゃんには眠るお手伝いが必要**です。赤ちゃんが眠りたいときに、眠りやすい環境（うす暗い照明、ベッドの工夫、散歩など）を整えてあげましょう。

サインを知って「寝る手伝い」をする

新生児がまとめて起きている時間は45分程度。生後6週間から6か月になると、90分ぐらいまとめて起きています（30分前後の個人差はあります）。徐々に時間が長くなり、1歳ごろまでに3時間まとめて起きているようになります。

赤ちゃんのタイミングを知るには、眠いときのサインを見つけましょう。「目や耳をこする」「ぼんやりと空《くう》を見つめる」「だらだらする」「ぐずる」など。

サインが見つかったら、眠るお手伝いを。眠いのに目を開けておくのが上手な赤ちゃんもいます。**まぶたが下がってきたら、眠りたい合図です。**

起きている時間は、脳が発達するにつれて長くなります。環境的要因（日の長さ）と社会的要因（家族の毎日のリズム）も加味されます。

タイミングを見つけるヒント

■「賢者」はあわてて駆け寄らない

新米ママパパは、赤ちゃんが昼寝中に音を立てると、あわてて飛んでいきたくなります。

でも、赤ちゃんの眠り始めの20~40分間は脳が働いている「動睡眠」(レム睡眠の原型)で、その後、深い眠りの「静睡眠」(ノンレム睡眠の原型)が60分ほど続きます。

動睡眠中の赤ちゃんは、ため息をついたり、泣いたり、手足がぴくぴくしたり、ときには目を開けたりも。動睡眠中は目が覚めやすいですが、すぐには駆け寄らずに少し待って様子をうかがっていると、また寝てしまうことが多いのです。

動睡眠中に急いで赤ちゃんを動かすのはNG。

授乳やパパの抱っこで寝てしまったら、赤ちゃんが静睡眠に入るまで待ってからベッドに移しましょう。やっとのことで赤ちゃんを寝かしつけたのに、ベッドに入れたとたん起きてしまったら、本当にがっかりするものです。

■睡眠の「サイクル」を知る

動睡眠＋静睡眠が1サイクル終わると、**目を覚ますか、次のサイクルに入るかのどちらかです。**動睡眠から静睡眠への移行がスムースな赤ちゃんとそうでない赤ちゃんがいます。昼寝中にあまりにも早く目を覚ましたら、寝かしつけてあげましょう。

■寝ないときは「あきらめる」

赤ちゃんがなかなか寝ないときは、**20〜30分でいったんあきらめましょう。**タイミングが違っただけです。私は娘が生後4か月のころ、昼寝をさせようと長時間がんばりすぎて疲れてしまいました。お勧めしません。

■「昼寝」は必ずさせる。夜眠る時間を遅らせない

生後3か月をすぎると、赤ちゃんの睡眠が整ってきます。夜何時に寝ようが朝6時ごろに目を覚ます赤ちゃんが多いのですが、これを遅らせようと**昼寝をパスしたり、就寝時間を遅くしたりするのはダメ。**赤ちゃんが過労になります。赤ちゃんは、今日の睡眠時間が少ないから明日はよく眠る、というわけではないのです。

知っておくと便利！

新生児は、たとえひと晩ぐっすり眠った後でも、目覚めてから90分後に昼寝をすることが多い。

15 すぐにかまわないで「自分で眠る力」をつける
――泣いたからといって必ず「かまう」必要はない

「自力で眠る」練習をさせる

目を閉じるだけで眠りに落ちてしまう赤ちゃんを、目撃したことがあります（ただし1人だけ）。でもうちの子はよく泣いたので、たいていの親と同じく、寝かしつけに苦労しました。

あらゆるテクニックを駆使しました。

ハーヴェイ・カープ医師の「5つのスイッチ」（34ページ参照）、授乳、抱っこでお散歩、抱っこでバランスボール。ようやく眠ったら「静睡眠」に入るのを待ってからベッドに寝かせて、忍び足で部屋から立ち去る……。

私もそうなの、という方は、**生後6か月ごろから、徐々にかける手を減らして、赤ちゃんに自力で寝てもらう練習を始めましょう。**

さまざまな研究から、以下は赤ちゃんの自然な眠りに役立つことがわかっています。

- 目を覚ましたとき、かまうまでに少し待つ
- 熟睡してからではなく、眠い状態でベッドに運ぶ
- 独立した部屋で寝かせる

これまで効果があったやり方を変えるのは、勇気がいります。のんびり屋の赤ちゃんは変化を気にしないでしょうし、気にする赤ちゃんは、ママにそう教えることでしょう。

ひとつのテクニックは、**寝かしつけの時間を徐々に減らし、赤ちゃんが泣いたら部屋に戻ってきてふたたび寝かしつける**、というもの。何度も往復していると心配になるかもしれませんが、大丈夫です。

目的は、赤ちゃんに自力で眠るチャンスを与えて、学習させることですから。

夜中に泣いても、数分待つ

夜中に赤ちゃんが泣いたら、すぐに手を出さずに数分待ちましょう。泣き方が激しくな

るかを観察すること。赤ちゃんに、自然に眠るチャンスを与えるのです。

赤ちゃんのベッドを別室にするとよいでしょう。毎晩、夜泣きのたびに気づいて手を出すことがなくなり、目を覚ました赤ちゃんのほうも「ちょっとママ、ぼく、ママが見えてるよ。手を貸してくれたらどうなの！」と思わずにすみます。

もう少し先まで同室で眠りたい、という人も、**「目を覚ましたとき、かまうまでに少し待つ」「熟睡してからではなく、眠い状態でベッドに運ぶ」**は実践しましょう。

こんなつらいことを、なぜ生後6か月で始めるのでしょう？

それは赤ちゃんが、**生後4か月前後に「対象の永続性（物体はたとえ見えなくなっても存続するということ）」の理解において大きな成長の山を迎える**からです。さらに生後8か月にふたたびぐんと成長し、理解がほぼ整います（生後3〜4か月と考える研究者も）。

つまり、赤ちゃんが眠ったときに親がいた情景が記憶できるということ。ママがそばにいたのに、夜中に目覚めたときにいないと、赤ちゃんは動揺し、同じ情景を再現しようと、泣いてママを呼ぶのです。寝ているあいだに口から外れることのあるおしゃぶりやタイマーつきの音響機器も、同様のトラブルの原因になります。

だから、生後6か月は、重要な発達が起きている時期というわけです。個人差はありますが、他にも歯が生えたり、風邪を引いたりと、対処すべきことがたくさん出てきます。**親が睡眠不足に困っていなくても、赤ちゃんが自力で眠るのをサポートする時期は延ばさないこと**。時期を逃すと、自分で眠る力が低くなるというデータがあります。

データから 眠るのが下手になることも！

80人の赤ちゃんの生後1か月、3か月、6か月、9か月、12か月の眠りを撮影する調査が、カリフォルニア大学デービス校のメリッサ・バーンハム教授とトーマス・アンダース教授によって行われました。

予想にたがわず、月齢と共に自力で眠るのが上手になる赤ちゃんが多かったものの、自力で眠るのが下手になった赤ちゃんも40パーセントいました。

自力で眠るのが下手になった赤ちゃんには**「ぐっすり眠ったあとにベッドに移された」「両親と同室」「抱きしめる『ねんねグッズ』を使っていなかった」**といった特徴がありました。

16 「泣かせっぱなし」にしてもいい？

――時間を決めてあやせばいい

「泣かせっぱなし」という睡眠トレーニング

赤ちゃんを朝までぐっすり眠らせる方法を調べて、本やネット情報を読みあさっているうちに、頭が混乱してきます。

賛否両論のある睡眠トレーニングのひとつが、**赤ちゃんを泣かせっぱなしにして、自力で寝させる**、というもの。反対派は、赤ちゃんにとって一生のトラウマになると心配し、賛成派は、誰もが眠れる唯一の方法だと主張します。

長期にわたる研究によると、**赤ちゃんの心の傷になる心配はない**そうです。

「泣かせっぱなし」について、次の2パターンを、オーストラリアとイギリスの研究者たちが調査しました。アンナ・プライス博士が率いる調査団が、生後8か月の赤ちゃん数百人を対象に行った実験（生後6か月未満に睡眠トレーニングを行うべきではないという通説がありますで、以下の2パターンの「泣かせっぱなし」を調査しました。

①時間を決めてあやす

泣いている赤ちゃんを、短時間（1分未満）背中をさすったり声をかけたりしてあやしてから、部屋を出てドアを閉めて3分間放置。同じことをくり返し、次は5分間放置。次は10分間。初日は10分間を上限に、1週間かけて徐々に時間を引き延ばし、赤ちゃんがひとりで過ごす時間を増やす。

②フェードアウト

ベビーベッドのそばに座り、歌をうたったりして声で寝かしつける。3週間かけて、毎晩少しずつイスをベッドから遠ざけて、最終的には部屋から出る。

睡眠が多いほど、うつが少なくなる

調査に参加した親は、①、②のどちらかの方法を選び、両方を試した参加者もいました。非介入のグループは、どちらも試しません。結果は、「泣かせっぱなし」は短期的に効果がありました。

「泣かせっぱなし」にしたグループは、生後10か月で睡眠に問題のある赤ちゃんは56パーセント。対して、非介入で睡眠に問題のある赤ちゃんは68パーセントでした。生後12か月になると、39パーセント対55パーセントになりました。

2年後、母親自身も、15パーセント（泣かせっぱなし）対26パーセント（非介入）と、気分の落ち込みを感じる人が減りました。

その後、6歳になった子どもたちに追跡調査を行いました。

「泣かせっぱなし」を経験した子どもは、非介入のグループよりもストレスを受けている？

メンタルヘルス、社会的なスキル、睡眠問題、両親との関係は？

母親のうつ症状、不安、（赤ちゃんの睡眠状況と関連した）ストレスの状態は？

結果は、すべての項目において差がありませんでした。

研究者は、赤ちゃんを泣いたまま放置すべきだとは言っていません。赤ちゃんを放置している1分がその10倍の時間にも思えて「とてもできない」という人もいるでしょう。

この研究データが伝えたいのは、**「時間を決めてあやす」「フェードアウト」のテクニックをこの月齢の赤ちゃんに行っても無害**であり、睡眠の問題を軽減できるということです。

辛抱強くトライする

いったんトレーニングを始めたら、続けましょう。ときどきギブアップしてしまうと、赤ちゃんはかたくなに泣き続けます。

即座に結果が出ないと、くじけそうになるかもしれません。夜中の2時に思い詰めて決断するのではなく、**1週間、毎晩ノートに経過を書き出してみる**のをお勧めします。現状が客観的に把握《はあく》できるはずです。

17

「昼寝」が頭も心も発達させる

――睡眠が足りないとテストの点が悪くなる

昼寝をしたほうが「記憶力」が上がる

ある調査で、未就学児に対して記憶力テストを午前中に行い、午後2時に昼寝をさせ、昼寝の後と翌朝に重ねてテストを行いました。

昼寝をした子どもは、昼寝なしの子どもよりも、昼寝後と翌朝の両方でスコアが高くなりました。昼寝をするグループとしないグループを入れかえてテストをしたところ、同じ結果が得られました。

昼寝は幼少期の学習をサポートします。子どもの短期記憶（比較的短い時間保持される記憶のこと）には限りがあり、睡眠によって記憶の固定がうながされるのです。

毎晩同じ時間に寝る子どもは、問題行動が少ない

就寝時刻が早くても遅くても、毎日同じ時間に寝ている子どもは、問題行動が少ないことが、イギリスの研究から明らかになっています。

就寝時刻が不安定な時期が長引くほど、問題行動は悪化します。ただし、7歳までに時刻が安定すれば改善しました。

知っておくと便利！

90パーセントの子どもが夜間に10〜11時間の睡眠を取り、2歳半〜6歳まで同じ睡眠時間を保っています。**子どもは不足した睡眠を補わない傾向があるため、毎晩じゅうぶんな睡眠を取ることが重要です。**

「睡眠時間が1時間足りないだけで語彙力テストで低スコアを出すリスクが増加する」という研究結果により、**睡眠損失が言語獲得と記憶力を損なう**という説が導かれています。

こうすれば、子どもは昼寝をする

プリスクールの教師からのアドバイスです。
昼寝はランチの直後に。
子どもを寝かせて、両脚、つま先、両手、両腕をストレッチ。
穏やかな自然の音をＢＧＭに流す。
背中を少しさすってあげる。
それでも寝ない場合は、ベッドで本を読んだり静かに遊んだりさせましょう。

18

急かさずに「やることリスト」でがんばらせる

――「早く寝なさい！」では子どもは寝ない

子どもがやることを「見える」ようにする

「寝る時間よ！　歯をみがいて！」「早くしなさい！」「急いで！」と言わなくてすむ方法があります。

「やることリスト」をつくって寝る前のルールをはっきりさせればよいのです。

効果的なリストをつくる秘訣は、子どもと一緒に考えること。リスト作成のプロセスを共有することで、子どものやる気を高めます。

子どもがリストに沿った行動に慣れる（数週間はかかるでしょう）につれ、「やりなさい」に抵抗する子どもとの大騒ぎが次第に消滅していきます。

■①子どもと「項目」を考える

「寝る前に何をするの？」と子どもに質問して、すべての作業を説明させ、メモを取り、項目を7つ以下に絞り込む（小さな子どもなら、3つでOK。例「おふろ、パジャマ、えほん」）。

②すべての作業を「絵」か「写真」にする

子どもに絵を描かせるか、支度をする子どもの姿を写真に撮り、それらを順番に切り貼りして1枚のポスターに仕上げます。

文字やチェックボックス、ごほうびシールを貼るスペースは不要。報酬はやる気を短期的にしか高めません。子どもがぱっと見て次にすることがわかる絵や写真を、1列か2列でまとめます。

③時間をかけてトレーニングする

「ひと晩につき1つ」のステップを、集中して練習します。できるようになったら、1つ終わるたびにリストを見て次を確かめます。できなかったらどうなるかを前もって説明しましょう。

「8時に電気を消すわよ。まだ終わってなくても、そのままベッドに連れて行くわ。抱っこも絵本もなしで、ママは部屋から出て行くからね」

■④あとはリストに子どもを管理してもらいましょう

子どもが慣れてきたら、親が直接指示を出す代わりに、リストに導いてもらいます。「リストの次は?」「絵本の時間の前に、何をすればいいの?」「○○をしたら次は××ね」「一緒に決めたわよね、次はなんだった?」

5歳未満の小さな子どもなら、親子でリストを確かめながら順番に進めましょう。

子どもが嫌がったら? 穏やかに指摘するか、ポスターの前まで連れて来て、もう一度たずねましょう。「歯みがきをしたら絵本の時間よ」のように順番を教えたり、「ママは寝室にいるわよ。パジャマを着たら、探しに来て」と声をかけても。

いますぐやってみて!

シアトル在住の子育てコーチ/ソーシャルワーカーのサリーナ・ナトキンの家では、ベッドに落ち着く前の5分間を、家族の大騒ぎタイム――ダンスパーティや、くすぐり遊び――にすることで、夜の段取りがスムースになりました。

「リストを使ってもしょっちゅうつまずくようなら、足りないものを探すべき」とナトキンは言います。

子どもは、もっとママと過ごしたい？　項目に問題がある？

子どもがひんぱんにベッドから出て何かを要求するなら、それらの要求を毎晩のルーティンに取り込むこと。チケット制にして、「毎晩2枚まで」などと限度を決めて、子どものリクエストを受けるのも手です。

何をしてもダメな場合は、家族会議（188ページ参照）を開いて、解決策を探りましょう。

19

「母乳」を出すコツ、続けるコツ

――母乳育児はトライしてみる価値はある

気負いすぎたら失敗する

母乳育児は大変ですが、がんばるだけの甲斐はあります。長続きさせるためにも、思い詰めずに、リラックスした態度でのぞみましょう。

アメリカでは60パーセントの女性が、母乳のみで育てたいと思っています。

その**3分の2が途中でギブアップ**。

おっぱいが痛い、十分なミルクが出ているか心配、赤ちゃんが上手にくわえてくれない……あなたもそんな経験をするかもしれません。

でも、正しいサポートを受けることで、必ず事態は好転します。

いちばんのコツは「ママが快適なこと」

母乳をあげるとき、いちばんに知っておくべきコツは「ママが快適なこと」。ママがなんとなく心地が悪ければ、ママか赤ちゃんの位置をずらしましょう。**乳首が痛くてつらいときは、赤ちゃんにいったんはなしてもらって、再トライ。**

赤ちゃんに母乳をあげることが、ママの首、手首、乳首に苦痛をもたらさないように。最初に、リラックスした姿勢をつくりましょう。**ソファにもたれてテレビを観るときのように、あさく腰かけて背をもたれて座ります。**

赤ちゃんを抱き寄せてお腹を自分の胸につけ（快適な角度になるように）、赤ちゃんに乳房を探らせます。寝そべったり直角に座るよりも、このほうがラクに、あるべき位置におさまります。赤ちゃんを体全体で支えるので、両腕が疲れずにすむというメリットも。

「空腹のサイン」を見逃さない

練習するなら、赤ちゃんが泣いているときよりも、機嫌がよいときに。赤ちゃんにとってもラクですし、**落ち着いているときのほうが舌を上手に使えます**。空腹のサイン（口元に手をやるなど）を見逃さず、ぐずる前に授乳しましょう。泣いているときは、まずあやしてから授乳すること。

母乳は赤ちゃんに吸われることで、新たにわいてきます。「なんらかの理由で医者から粉ミルクでの授乳を勧められたが母乳育児の可能性をキープしたい」というママは、いますぐ搾乳《さくにゅう》を始めましょう。我慢できるなら、搾乳器をハイモードに。というのも、調子が良い赤ちゃんはポンプよりも多くの母乳を吸うからです。

必ず人から「サポート」を得る

■**母乳育児をサポートしてくれる産院もあります**

母乳育児をサポートしてくれる産院もあるので探してみましょう。

出産する病院が母乳育児をサポートしていなくても、出産前に担当医にリクエストしてみましょう。

■**やり方を手取り足取り教えてもらう**

実家の母親におっぱいのあげ方を教えてもらえない人は、母乳育児コンサルタントや、産後ドゥーラ（産前産後ケアの専門家。家に来てくれる人がお勧め）を探しましょう。

「パートナー」「親戚」「友人」のサポートを得る

赤ちゃんが生まれたらすぐに、ママは食事と水のボトルを確保し、家事は人に頼って、「睡眠を取ること」と「赤ちゃんの授乳」に集中しましょう。

新米ママは、赤ちゃん同様にお世話を必要とする生き物です。産後の女性は**体が非常にもろくなっているので、回復期間が必要**です。世間的には、子どもを産んだら早々に掃除や料理やエクササイズに復帰することが求められがち。そんな流れに逆らう努力をしましょう。

母乳ママ友の輪を広げる

公共の場での授乳を快適に行ったり、知人や親戚の否定的なコメントを愚痴《ぐち》りあったり、搾乳をがんばったりするのを支え合えるママ友の輪があると心強いです。

母乳ママをサポートする相談室やサークルも探してみてください。

データから

母乳で「少しだけ」頭が良くなる

母乳を与える期間がひと月増えるごとに、子どもの知能指数が1／3ポイント上がります。ハーバード大学とボストン小児病院の共同調査で、1300人を超える母と子のデータを取りました。社会・経済的ステータスや母親の知能、家庭保育か施設保育《デイケア》か、といった一連の要因を考慮した結果、**母乳の期間が長いほど、3歳での語彙力スコアが高く、7歳での知能テストのスコアが高い結果に。**

12か月母乳を飲んでいた子どもは、母乳をまったく与えられなかった子どもに比べて、IQが4ポイントアップしました。とはいえ母乳育児ができなくても、赤ちゃんの知能を伸ばす方法は他にたくさんあります。

知っておくと便利！

母乳はたんなる「食事」ではありません。ママの体は赤ちゃんの要求に日々応えるため、母乳の量だけでなく、ホルモン、免疫因子、赤ちゃんの内臓に供給する糖分などを調整しているのです！　研究者が解明していない効果もまだまだありそうです。

20 子どもの「もういらない」を信用する

――「空腹・満腹」の感覚を育てる

親の「もっと食べなさい」が好き嫌いをつくる

子どもの立場から言います。食事を横でずーっと見張られているうえ、スプーンでつつかれ、励まされ、ひと口食べると大騒ぎ……ああ、うっとうしい！

親の役目は、さまざまな栄養が入った食事を子どもに提供すること。献立《こんだて》、時間、場所は、親が決めます。

食べるか否かと、食べる分量を決めるのは、子どもの役目です。

子どもの体の要求を信頼するのが大切です。

何をどれぐらい食べるかは、日々変化します。親の希望で（たとえ善意でも）、子どもが出すサインを継続的に無視し、親が食べさせたい量を強制していると、**子どもは、空腹・**

満腹の体のシグナルを無視することを学習します。

すると、食べ物との健全な関係が築けなくなってしまいます。子どもが「もうおしまい」と伝えてきたら、「本当に？　もうおしまいなの？　ほら、あとひと口食べて」と押し込みたくなるのを、ぐっと抑えましょう。

■毎日決まった時間に、子どもと一緒に食事をする

家庭で食事をすることで、多くのメニューを味わえ、栄養がしっかり取れることが、研究からわかっています。食事を抜かしたり、軽食で済ませたりはNG。**決めた時間以外に子どもが食べたがったら、水を与えましょう。**規則正しい食事と、決めた時間に軽食やおやつを食べることで、体が1日のリズムになじみ、昼寝の入眠がスムースになります。

■新しい食材は、五感でなじませる

新しい食材は、さわらせる、においをかがせる、親が食べるところを見せる、少し口に入れてあげる、と徐々に慣らしましょう。口から出しても、完全に拒否したのではなく、いつか食べるための準備中だと考えて。

■新しい食材を、できるだけ頻繁に食卓に出す

子どもは新しい食べ物に慎重で、**親が思っている以上に順応するまで時間がかかります**。2週間に8回新しいメニューを出しても、多すぎることはありません。バラエティ豊かな食卓を目指しましょう。子どもが満腹になるように、食べ慣れた料理も一緒に出してあげるとよいでしょう。

■何度も強制しない

「ひと口食べなさい。ひと口だけ。ほおら、食べてちょうだい」とたたみかけるのはNG。**言葉でプレッシャーを与える度合いが高いと、子どもが食事を拒否する**ことがわかっています。

■駆け引きは控えめに

「これを食べたら○○してあげる」という報酬で釣る駆け引きは、慣れない食材に飛びつかせる効果はあっても、長期戦略として最良とはいえません。

ある研究で、赤ピーマンのスライスを食べさせるとき、1つ目のグループに「好きなだ

け食べなさい」、２つ目のグループに「ひと切れ食べたら、好きなシールをあげます。好きなだけ食べなさい」と告げたところ、報酬のある２つ目のグループは、すぐに赤ピーマンに飛びつきましたが、時間が経つにつれ、１つ目のグループのほうが、多くの赤ピーマンを食べ、好きになりました。

いますぐやってみて！

うちの子は、パパとママの真似をするのが大好きなので、**娘の皿ではなく親の皿に食べ物を入れると、てきめんに関心を持ちます。**

小さな子どもは、親が食べているのを観察するのが大好き。私はときどき、「ママにひと口、パパにひと口、あなたにひと口」と遊びながら食べさせます。

21 トイレに行く「きっかけ」を増やす
——上手にオムツを外すには?

優しくトイレのしつけをするコツ

トイレトレーニングの開始が「遅いほうがよい」というデータはありません。

ただし、**「子どもに恥をかかせて強制するよりも、穏やかに進めたほうがよい」**のは確実です。

第二次世界大戦前には、大半の親が、8か月の赤ちゃんを叱りつけ、罰を与え、強制的にトイレを使わせ、それが「便秘」や「尿意や便意を我慢する」「トイレを嫌がる」といった問題につながりました。

この慣例を変える動きを擁護《ようご》したのが、小児科医のT・ベリー・ブラゼルトンです。それ自体はよいことですが、親の一部が「トイレトレーニングは子どもが納得するまで先延ばしにすべき」と解釈したため、オムツの時期がどんどん延びて、オムツメーカーがどんどんビッグサイズのオムツを販売するように。

でも、そこまで長く待つ必要はないのです。

トイレトレーニングを何歳から始めるにしても、「優しく」行うことが大切です。

以下は、そのためのコツです。

■トイレに行く「機会」を与える

無理やりトイレに座らせたり、報酬を与えてトイレに行かせるよりも、機会「だけ」を与えて様子を見ましょう。トイレに行くかどうかを決めるのは、子どもです。親は、トイレに座るようにうながす努力は必要ですが、子どもがいやがってもやきもきしないこと。

夫と私は、**娘が長く座っていられるように、近くにしゃがんで歌をうたったり、本を読んだり、シャボン玉をふくらませたりしています。**

娘に「そうね、ウンチが出るまで時間がかかるわよね。しゃがんで、前にかがんで、待っててね」と教えます。逃げ出しそうになったら、「まだよ、戻って座りなさい」ではなく「ウンチ、終わったの？」と声をかけます。

■定期的に「声かけ」をする

眠る前後、外出の前後、食事の30分～60分後に、トイレに行くための「声かけ」をしてあげましょう。そのうち子どもは、急《せ》かされなくても「トイレの時間」を予期するように。

わが家では**「さあ、トイレタイムよ」**と声をかけます（中腰でソワソワしている1歳10か月の娘に「トイレに行きたい？」と声をかけても、「ノー」が返ってくるため）。

外出から戻ると、「家に帰ってきたら、まず何をするの？　トイレに座るのよね」と娘を誘導し、「ママが手伝おうか？」「どんなお歌をうたってほしい？」とつけ加えます。

■「あっさりした態度」で応じる

子どもが「トイレに行く」と宣言したら、**「いいわよ。行きましょうね」とあっさり応じましょう**。ここぞとばかりに長々と指示を出すと、気が変わる可能性が大です。

終わったら「ウンチ、がんばったね」と声をかければ満足そうな笑顔に。親が大騒ぎをして、叫んだり手を叩いたりしたら、次にトイレに行ったときに、ほめてもらいたくて「成果」を見せに来るかも。

■「オムツなしの時間」をつくる

トイレトレーニングについての、私がお気に入りのアドバイスは**「とにかくオムツをお尻から外す」**。低年齢でも、日中ならかなりの時間をオムツなしですごせます。

生後2、3か月でも、お尻の下に小さなおまるを当てたり、オムツを替えるあいだに赤ちゃんを支えてトイレにしゃがませたりできますし、自分がトイレを使うときに、赤ちゃんをおまるにしゃがませても。

30分〜60分おきにおまるを差し出して、すべてのオシッコとウンチを回収する親もいます（新生児はそれぐらいの頻度でオシッコをするのです）。排尿や排便のときは、「シーシー」「ウーン、ウーン」と声をかけます。この合図がやがて、子どもをトイレに行かせる合図になり、子どもがトイレに行きたいときに親に知らせる言葉になります。

わが家では、家にいるとき限定で、生後12か月でオムツを外しました。ただし、カーペットクリーナーが手放せなくなりました。自力でおまるのイスに駆け寄れるようになっても、遊んでいると夢中になって行くのを忘れてしまいます（私も同じく！）。

いま思えば、もっとひんぱんにおまるに座らせる声かけをすればよかったです。

■夜眠るときは無理をしない

ほとんどの子どもは、4歳か5歳になるまで、夜はオムツをつけて眠ります。**医学的には「夜尿症」という用語は5歳未満の子どもには適用されません。**

知っておくと便利！

膀胱《ぼうこう》と腸《ちょう》が完全にコントロールできなくても、行動をわずかに遅らせる力さえあれば、トイレトレーニングは可能です。

2歳までに膀胱と腸を完全にコントロールできる子どもは、わずか20パーセント。多くの親がトイレトレーニングを開始する時期です。

トイレトレーニングをゆっくり始めるつもりでも、2歳8か月よりは遅らせないで。膀胱を完全に空《から》にしないでいると、膀胱炎のリスクを高めます。また、膀胱のコントロールが弱まるリスクも高くなります。

CHAPTER 4

遊び

「思考力」と「創造力」を磨く楽しい方法

子どもは、お友だちと遊ぶことで、
非常に重要なスキル＝「自制心」を学習します。
でも、その前の段階の幼い子どもにとっては、
いちばんのお気に入りのおもちゃはパパとママです。
髪の毛を引っ張り、鼻をつまみ、体によじのぼり、
乗り物代わりにします。

22

いろんなものを「じかに」さわらせる
——手で口で、いろんな刺激を体験させる

いつでもどこでもさわらせてあげる

じかに、いろんなものを手でさわる体験をさせましょう。

赤ちゃんに新しい刺激を与えるために、**大量のグッズを買い込む必要はありません。**たとえば、こんなものを使えば……

- 料理中やスーパーでの買い物中に、薄いタマネギの皮や、ごつごつしたアボカドをさわらせてあげる。
- クロゼットの中の、着なくなったカシミアセーターや革ズボンをさわらせる。
- 散歩中に立ち止まってバラの香りをかぐときに、赤ちゃんの肌を優しく花びらでなでる（軽い接触が大丈夫になる生後8か月から）。

- 散歩中に、娘はゴミ箱でかくれんぼをしたり、リサイクルボックスにさわりたがったり。私もいつしか、「後で手を洗えばいいか」と折り合いをつけるようになりました。
- 赤ちゃんのおもちゃは、大半をしまっておき、使う分だけローテーションで出す。
- 友だちとおもちゃを交換する。

赤ちゃんは口で「感触」を確かめる

赤ちゃんの触覚は、口から始まって、上から下へと発達します。**だから赤ちゃんはモノを口に入れたがる**のです。

触覚が口から体へと下がるのには時間がかかります。**5歳になっても、顔のほうが手のひらより敏感です。**

23

「シンプルなもの」こそ脳を育てる

――想像力を使うモノで遊ばせる

「ぴかぴか光るおもちゃ」なんていらない

子どもの脳にいちばん効くおもちゃは？

脳を「使う」ことを要求するおもちゃです。

「最強のおもちゃ」は、子どもの注意を引くために、音を出したり、ダンスをしたり、ぴかぴか光ったりしません。**想像力を使うものがベスト**です。

玩具メーカーは、「赤ちゃんの発育をうながす」といううたい文句が（たとえ科学的実証がなくても）、親の買う気をそそると知っています。

たとえば、私がいただいた赤ちゃんの手首に巻くやわらかい布製のガラガラのパッケージには、「音の位置の認識力を育む」との説明が。本当なの？

シンプルなおもちゃこそが最強のおもちゃです。たとえばこんなもの。

「おもちゃ代」を節約しましょう

赤ちゃんのいちばんのお気に入りは、「わざわざ買ったおもちゃ」ではありません。たとえばこんなものです。

- リモコン
- 鍵、財布、携帯電話
- ポケットミラー
- 電卓
- ママやパパの靴。足を入れて遊ぶ
- ママやパパの下着。体に巻きつけて遊ぶ
- おもちゃが入っていた箱
- 果物。ひと口かじって、ボウルに戻す
- 洗濯かご。入って遊ぶ
- 引き出しやクロゼット。鍵や財布や携帯電話を隠してしまいます！

- さまざまなサイズのフタ付きのビン、ボウル、カップと、水や土や乾燥マメなど、赤ちゃんがカップからカップへとうつしかえて遊べるもの。
- クッションや枕。ハイハイしたりよじのぼったりの障害物コースに置く。
- ボールとブロック。レゴデュプロ、ケネックス社の知育玩具、Tegu社のマグネット積み木、ティンカートイ、積み木など。
- 昔ながらの人形や指人形。
- イスと毛布で、基地をつくる。
- 空き箱とマジックペンで、車や宇宙船をつくる。
- テープ。

忘れてはいけないのは、**赤ちゃんにとっていちばんのおもちゃは「あなた」**だということ。子どもは、パパやママによじのぼる、振り回される、揺らされる、投げられる、くすぐられるのが大好きです。床で一緒におもちゃで遊ぶのも大好き。

知っていると便利！
ブロック遊びは「空間能力」「数学力」「問題解決能力」「協調性」を伸ばします。
人形遊びは「社会性」や「思いやり」の心を育みます。

24

音楽にはこんなに「効用」がある
――音楽は人生を豊かにする「大切な贈り物」

子どもは何より「親の声」が大好き

子どもと一緒にいると、歌をうたう機会が増えます。

娘と並木道を散歩していたら、幼児向けのインターネットラジオで聴いたことのある歌がふと頭に浮かび、気がつくと歌っていました。「その小枝には／いちまいのはっぱ／なんてかわいい／はじめてみたわ」

音程はあやしくていいんです。

幸い、**幼い子どもは親の声がどんな声よりも好きです。**

また、**どんな歌を聴くよりも、じかに歌いかけられることを好みます。**

家にいるときも、娘と一緒に歌います。娘の木琴《もっきん》を叩きながら、「きらきらひかる、よぞらのほしよ……」（3年間習ったピアノが役に立ちました！）。

また、親子で音楽教室に通っています。娘の社会経験の一環として、人類が古くから親しんできた音楽というものの楽しみを味わわせたいから。

娘は、家にない楽器を試したり、踊ってはねてリズムを取ったり、音程を取ってみたり。とても素敵な先生なので、娘はレッスンの終わりに先生をぎゅっと抱きしめています。

音楽を習うと賢くなる？

音楽家はあらゆる点で、非ミュージシャンより知性的です。

抽象的な論理力、数学力、読解力、語彙力、運動能力、空間能力、作業記憶が優れています。

ただし研究者は、これらと音楽トレーニングとの関連性についてまだ証明できていません。音楽の個人レッスン代を払う余裕がある親は、子どもに読み聞かせをする時間が多い可能性があり、そのことが読解力や語彙力の向上につながっているのかもしれません。

もともと認識力の高い子どもが音楽のレッスンに魅力を感じるとも考えられます。

因果関係を証明すべく、過去に6度ほど実験が行われましたが、明確な結果は得られませんでした。ただし、脳を発育させることだけが、音楽を学ぶ目的ではありません。

音楽で人生がぐんと「豊か」になる

音楽は世界共通。

音楽に魅力を感じない人なんて、まずいません。

ハーバード大学心理学教授のロジャー・ブラウンは「音楽のない人間社会は、言語のない人間社会と同様に、存在が確認されていない」と語っています。

同じ「音」でも、頭の中を表現する手段が「言葉」なら、魂を表現する手段が「音楽」。

言葉を学習するのに理由はいらないのなら、音楽も同じことです。

音楽講師のキャスリン・B・ハルは「なぜ音楽を教えるのか?」という論文のなかで、音楽にさまざまな解釈を与えています。

私たちが音楽を教える理由は……

- 音楽を専攻してほしいからではない
- 音楽を奏《かな》でたり歌ったりしてほしいからではない
- リラックスして楽しんでもらいたいだけではない

そうではなく、こんな理由です。

- あなたが人間らしく生きられるため
- あなたの美意識を育むため
- あなたが繊細になるため
- あなたが豊かに生きる技を得られるため
- 多くの愛、共感、優しさ、つまるところ「幸福な人生」を得られるため

生き方を知らないのに、豊かな人生は手に入りません。**音楽は、一生ものの贈り物になることでしょう**。だから私たちは音楽を教えるのです！

いますぐやってみて！

赤ちゃんのおもちゃ入れにさまざまな楽器をプラスして、**一緒に合奏遊びをしましょう。**図書館や子ども美術館で、無料の音楽レッスンが開催されることも。地元のオーケストラに、キッズプログラムがあるかもしれません。

知っておくと便利！

音楽を聴くとき、脳はリズム、音質、音程を処理するために多くの回路を使います。脳の聴覚の分野だけではなく**「運動能力」「感情」「創造性」をつかさどる分野も反応**します。

25

よその子が「おもちゃ」を取ったら？

——子どもの「人助けしたい気持ち」を伸ばす

1歳半では「はい、どうぞ」はできない

1歳半になると、お友だちとおもちゃの取り合いが始まります。
たいていの親は、あいだに入って、わが子の指からおもちゃをもぎとってお友だちに返し、「お友だちが遊んでいたでしょ」と叱ります。子どもがくしゃくしゃの泣き顔になると、こう言います。

「一緒に使わなきゃだめ。『はいどうぞ』って、できるわね？」

それが、できないのです。

ある実験で、お友だちに分けても分けなくても自分は食べ物をもらえるという設定で子どもたちの様子を見たところ、2歳1か月では57パーセントが分けようとしましたが、1歳

半では、リスクがないにもかかわらず、**お友だちに分けようとした子どもはわずか14パーセントでした**。

親としては、お友だちと仲良く遊べるようになってほしい。でも、**子どもが「利他的な行動」ができるまでには、何段階もの発達過程を経る必要がある**のです。

子どもは「協力」するのが好き

ところが、**よちよち歩きの幼児は協力や手助けが上手**です。お友だちに自分の好物を食べさせようとしたり、ママの掃除を手伝いたがったり。教えなくても、そういったことができます。「人間は協力（そして競争）する生き物だ」と、進化論を研究している人類学者たちは口をそろえます。だから種が存続したのです。

■「物理的」な手助け

生後12か月〜1歳2か月ごろから、モノを探したり取ってきたりという、単純な行動ベースの手助けが始まります。1歳半ごろからこの幅が広がり、「問題を克服する」「道具を使う」「最終的な目的を理解する」などができるようになります。

■「思いやり」の手助け

1歳半前後から、他人を気にかけたりなぐさめたりする行動が始まります。とはいえ、このころの感情ベースの手助けはまだ限定的です。2歳半までに、かなりのスキルを習得し、はっきりと言われなくても、他人の感情や意図を察したり、ときには他人の要求を察したりします。

■「利他的」な手助け

2歳半前後から、他人の要求は理解するようになりますが、大事なものをあきらめることはまだ嫌がります。「利他的行為には犠牲が必要」という理解が深まる3歳前後に、自分のモノを人と分けるのを以前よりも嫌がる時期が一時的に来ます。

「子どもの手助け」を手助けする

子どもが、他人が助けを求めていると理解するには、どの程度の情報が必要なのでしょうか。ピッツバーグ大学のマルガリータ・スヴェトローヴァ教授らが、**大人が風邪を引くふりをする実験**を行いました。

大人には手が届かないけれど子どもには届く場所にブランケットを置いて、子どもがブランケットを持ってくるまで、大人が5～7秒間ずつ、徐々にわかりやすいサインを示していきます。

①**ジェスチャー**：「ブルブル」と言いながら身震いし、手をこすり合わせ体を抱きすくめる。
②**状態を言葉で説明する**：「寒い」
③**必要なモノの要求を言葉にする**：「体を温めるものがほしい」
④**必要なモノの名前を言う**：「ブランケット！」
⑤**言葉を用いずに要求する**：子どもを見て、ブランケットを見て、ふたたび子どもを見る。
⑥**さらに明確に、言葉を用いずに要求する**：ブランケットを指し示して合図する。
⑦**要求を言葉で示す**：「私を助けてくれる？」
⑧**具体的な要求を言葉にする**：「私にブランケットを持ってきてくれる？」

1歳半は、どの時点で気づいたと思いますか？　ステップ⑥です。

しかし、２歳半になるとステップ②。ただし自分のブランケットを貸す場合には、２歳半はステップ④まで拒絶しました。

１歳半は手助けや協力やシェアができないのではなく、「他人の心情についての明確な指示」が必要なのです。

子どものお友だちがこういった指示をすることはないので、代わりに親が教えてあげましょう。

子どもがおもちゃを取られたとき、親が取るべき3つの行動

■何もしない

親が介入しておおごと扱いしなければ、**子どもたちはたいてい自分で解決します。**子どもにとっては、いい訓練です。前もって、お友だちの保護者にもそう伝えて歩調を合わせておきましょう。

■具体的な指示を出す

「お友だちは、いまそのおもちゃで遊びたいの。貸せるかな？　ありがとう、貸せた

ね！」

「お友だちは、いまそのおもちゃで遊んでいるのよ。順番を待とうね。えらいね、待てたね」

「お友だちはいまそのおもちゃで遊んでいるのよ。『貸して』ってお願いできるかな？　もしもお友だちがいまは貸せなかったら、待ちましょうね」

怒ったら、共感して、気をそらす

「お友だちは、おもちゃを取られたから悲しいのよ。おもちゃを返してあげられる？」

「おもちゃを取られたから、悲しいわね。順番が終わって貸してくれるのを待ちましょうね。**あら、真っ赤な消防車ね！**　ほら、はしごが伸びたり縮んだりするわ！」

26

子どもの「賢さ」を伸ばす遊びをする

――役に立ってすごく楽しい遊びの数々

「自制心」を育ててあげる

「自制心」は子どものうちに育みたい最も重要なスキルの1つです。**気の進まないこと（宿題など）を始めたり続けたりする能力、したいこと（テレビを観るなど）をやめる能力は、成功する人生をつくるための強力な武器になります。**

このことは、非常に多くの研究により証明されています。テリー・モフィット博士が子ども1000人を32年にわたって調査した2011年の画期的な研究結果を、研究者のアデル・ダイヤモンドが次のように要約しています。

「3～11歳の時点で自制心が弱い（粘り強さが少ない、衝動性が高い、注意力が弱い）子どもは、同じころに自制心が強い子どもに比べて、**30年後の健康度が低く、経済力が悪く、**

犯罪率が高い傾向がみられる（IQ、男女差、社会的地位などで調整）」

自制心は、実行機能（思考や行動を制御する認知システム）と呼ばれる脳内プロセスにより統括《とうかつ》されています。

抑制力、作業記憶、注意力、認識の柔軟性が合わさって、問題解決、理由づけ、計画、報酬の遅延（ほしいものをもらうのを先延ばしにすること）ができるようになるのです。

自制心の強い生徒は、以下のことに優れています。

- 課題に「集中」して完成させる能力
- 話をよく聞き、「気をそらすものを無視する」能力
- 新しい要素を「取り入れる」能力

「実行機能」は、生後1年のあいだに発達が始まり、完全に成熟するのは20代前半。長い時間をかけて育まれます。この「実行機能」を楽しく育む方法があります。

「自分の話」を語って聞かせる

子どもは、じかに話をしてもらうのが大好き。本を読むのではなく、顔と顔を合わせてじっくり話をしてみましょう。絵や写真を見せない物語は、子どもの注意力を喚起し、細部に注意を払わせる練習になります。

子どもは、本の読み聞かせよりも、本なしでの語り聞かせのほうが、登場人物や筋書きをよく記憶することが、数々の研究からわかっています。

どう語り聞かせてよいかわからない場合は、1日の出来事を話しかけることから始めて、そこから話を展開させましょう。

赤ちゃんは、話の内容は気にしません！

私はいつも「あるところに女の子がいました……」から始めて、その日の出来事を絡ませていきます。お祭りや学校や本屋さんの語り聞かせのイベントを参考にするのもよいでしょう。

「ダンス」「キック」「音楽」で自信を伸ばす

お子さんは「ダンス」や「武道」「楽器の演奏（とくに合奏）」は好きですか？

ダンスのステップや、歌の音程を取るなどの行動には、長時間の集中力と注意力が求められ、複雑なプロセスを並行して心に留める作業が必要とされます。

これらの行動は喜びをもたらし、社会的な帰属意識を与え、**運動能力、自尊心を育て、自信をつけます。**そのすべてが「実行機能」の発達につながります。

「実行機能」を育む方法あれこれ

■「運動」をする

運動は、実行機能を育む最良の方法のひとつです。

ヨガ、テコンドーなど、競争のない運動であっても、子どもの実行機能を向上させることがわかっています。

■「挑戦できる目標」を設定する
3歳なら「ブロックで高い塔をつくる」、5歳なら「鳥の巣箱をつくる」など、背伸びすれば手に届く目標を設定すること。

■「趣味」に没頭する
子どもを、「努力」が必要な活動に熱中させる。

■「モンテッソーリ教育」を受ける
このプログラムを受けた子どもは、実行機能と創造性のレベルが高い傾向にあります。

■「失敗」を受け入れる
217ページ参照。

■「外国語」を学ぶ
83ページ参照。

■「ごっこ遊び」をする
152ページ参照。

遊びが「自制心」を格段に伸ばす

昔から受け継がれてきた子どもの遊びは非常にお勧めです。以下に紹介する遊びのなかには、私自身、子どものころに親や姉妹と遊んだものがいくつかあります。

昔ながらの遊びは楽しいだけでなく、実行機能の発達を助けます。

幼稚園児に週に2回、30分ずつこうした遊びをさせたところ、8週間後、**子どもたちの自制心を測るスコアが、実験に参加しなかった子どもに比べて格段に伸びた**ことがわかりました。この実験は、オレゴン州立大学のミーガン・マクレランド教授らが、低所得家庭の276人の幼稚園児を調査したものです。

重要なのは、**子どもたちが遊びに慣れるにつれて内容を難しくすること**（スピードを上げる、ルールを追加する、ルールを逆転する、など）。また、音や動きを使う遊びであれば、子どもが座ってじっとせずにすみます。

実行機能を伸ばせる遊びとその特徴をいくつか紹介します。

「自然な反応を抑える」ことを必要とする遊び

●**フリーズ**：速い曲とスローな曲を交互に入れたプレイリストをつくります。全員で音楽に合わせてダンスをし、停止ボタンを押すと、全員がストップ。スローな曲はゆっくり、速い曲はすばやく踊ります。それから今度は逆にスローなときはすばやく踊って、速い曲でゆっくり踊ります。

●**色を合わせてフリーズ**：床に、いろんな色の画用紙をテープで貼ります。基本は右の「フリーズ」と同じですが、音楽を止めるとき、止める人は色つきの画用紙のどれかを掲げます。みんなはその画用紙と同じ色の画用紙に走って、その上に立ってストップします。

●**オーケストラの指揮**：ひとりが「指揮者」になり、他の子どもが楽器を演奏します（ベル、フライパン、鍋など、道具を持ち寄って）。最初は、指揮者が指揮棒を置くと、演奏をストップするというルールで。指揮棒のスピードに合わせて演奏のスピードを変える

（速いときには速く、その逆に速いときは遅く）、指揮をしているときは逆に演奏を止める、などいろいろとルールを変えてやってみて。

■「強い注意力」を必要とする遊び

●**太鼓の音**：まず、太鼓に合わせてどう体を動かすかを決めます（拍手、足を踏み鳴らす、歩く、踊る、など）。太鼓の合図にテンポを合わせて動きます。速い太鼓のときは動きを速く、遅い太鼓のときは遅く。そして、太鼓が止まれば動きを止めます。速い太鼓のときは飛び跳ねる、遅い太鼓のときは床をはう、などにルールを変えても。

●**一列で歩く**：はみださないように一列で歩く遊びです。床のフローリングの一列、カーペットにマスキングテープで幅のしるしをつける、丸太の上を歩く、など。

■「認知の柔軟性」を必要とする遊び

●**眠れ、眠れ**：親が「眠れ、眠れ」と子守唄を歌っているあいだ、子どもたちは寝たふりをします。「……そして目を覚ましたら、あなたはサルです！」と親が動物を指定し、子どもは目をあけ、その動物になりきります。

「ひとつに集中すること」を必要とする遊び

- **カブトムシ**：車に乗っているときに、フォルクスワーゲン・ビートルを見たら、「カブトムシ！」と叫ぶ（その車の色やほかにフレーズを決めて叫んだりというルールにしても楽しいです）。
- **あいうえお**：車に乗っているときに、建物や看板など（ナンバープレートにすると速くゲームが進む）の文字を「あ」からあいうえお順に探します。

「作業記憶」を働かせる遊び

- **手を叩こう**：色画用紙を切って、大きな四角形、丸、三角形をつくります。それぞれの形を見たときにやるアクション（例：四角形は手を叩く、丸は足を踏み鳴らす、三角形は鼻をさわる、など）を決めます。リーダーは画用紙を見せ、みんなはアクションをやります。だんだんスピードを上げたり、アクションのルールを変えたりしていきます。
- **旅行に何を持っていく？**：最初の人は「あ」で始まるモノの名前を言います。2番目の人は、最初の人が言った「あ」で始まるモノの名前と、自分で考えた「い」で始まるモノの名前を言います。3番目の人は前の人が言った「あ」「い」で始まるモノの名前と自分で考えた「う」で始まるモノの名前を言う……と、どんどん続けていきます。

データから「実行機能」が高い子は勉強ができるようになる

未就学児と幼稚園児の「実行機能」のスコアは、「IQ」のスコアよりも、後に学業で成功する重要な指標になることが多くの研究からわかっています。

実行機能が優れた子どもは……

- 初期の読み書き能力において、同級生よりも3か月以上進んでいる。
- 小学校から大学まで、成績のレベルが高い。
- SAT（大学進学適性試験）などの標準テストでのスコアが高い。
- 同級生や先生と、ポジティブな人間関係を築きやすい（あまり破壊的、無神経、攻撃的ではなく、そのことが学業成績を押し上げる）。
- 大学卒業率が高い。

27

ごっこ遊びで「脳」を鍛える
――子どもの「考える力」を高める方法

楽しく脳を鍛える高度な遊び

子どもの脳に効果的な遊び。

それは、**「他の人のふり」に子どもが没頭できる遊び**です。

子ども同士の「ごっこ遊び」は、相談することから始まります。


「オーケー、これからおうちごっこをするわよ。私がママの役ね」

「私もママがいい！」

「だめよ、私がママで、あなたは子ども。さあ、ランチを食べさせてあげる」

「わかった。そのあと、犬の散歩に行こうね」

子どもの脳を育てるなら「劇」がおすすめ

早期教育プログラム「ツールズ・オブ・ザ・マインド」では、実行機能を育む活動に多くの時間を費やします。その主力となるのが「演劇」。150人の子どもへの調査で、「ツールズ・オブ・ザ・マインド」に参加した生徒は、それ以外の子どもに比べ、実行機能のテストにおいて30パーセントから100パーセント近くスコアが高いという結果になりました。また、以下のような特徴が見られました。

- 創造的（モノのさまざまな使い方を考えるテストで、3倍近いアイデアを思いついた）
- 言葉が流暢
- 問題解決能力が高い
- ストレスが半分
- 社交的

こうして相談が終わると、お芝居が始まります。

これが典型的な「ごっこ遊び」です。遊びとはいえ、しっかりとした構造があります。「ママ／子どもは、かくあるべき」というルールに従うことが要求されるうえ、「食事をつくる／犬を散歩させる」というステップを踏むわけです。ルールから脱線しそうな子どもがいたら、他の子どもが引き戻しにかかります。

この遊びは、脳の実行機能、つまり子どもが**「目標を立て、計画し、タスクを継続し、注意散漫にならない」**ためのスキルの発達をうながします（143ページ参照）。

「ごっこ遊び」を覚えさせる（1歳〜3歳）

子どもは1歳〜3歳のころに、モノを使った「ごっこ遊び」を覚え始めます。

■子どもに「ごっこ遊び」のやり方を教えましょう

空のコップをわたして、飲むふりをさせる。「お夕飯をつくってみようね」と声をかけ、空の鍋をスプーンでかきまわし、味見をするふりをしてから、**「今度は○○ちゃんがやってみて」**と同じことをさせます。

■「ルール」を決める

「みんなでお夕飯をつくるわよ。私はばあば（パパ／おばさん／おじさん）になるわね」と言って、その役になりきります。

「ばあばですよ。お夕飯のあとに、クッキーを食べましょうか？」

子どもが聞いたことのある台詞を使うこと。子どもに、役になりきった声色やしぐさをさせるのが理想的です。

■「スペース」を設けて、いつでも使えるようにしておく

こうすれば、いちいちばたばたと片付けなくてすみます。

■「小道具」を準備する

古い洋服や靴、ポーチやブリーフケース、お医者さんセット、大工道具など。コップやスプーンなど、食器類も使ってみて。そうした食器は、想像力を使えば、別のモノの代わりにもできます。

■使うなら、どんな「おもちゃ」がいい？

子どもが扱いやすいサイズのおもちゃ、たとえば、着替えや入浴、抱っこができる赤ちゃん人形などがお勧めです。

子どもが役を演じる「手伝い」をしてあげる（3歳〜5歳）

3歳〜5歳では、「ごっこ遊び」の概念はあっても、手助けが必要です。

■「毎日の光景」を使って、アイデアを組み立てる

スーパーで、他の人たちを見ながら「お店の人はこう言ったね」「レジの人がこうしているね」と子どもに説明してあげると、家に帰ってから子どもが真似をしやすいです。

■「子どもが好きな物語」に沿ってごっこ遊びをする

■「小道具」を自分でつくる

お医者さんごっこのために、わざわざ白衣を買う必要はありません。大人の白シャツに、ひもに丸い厚紙をつけた聴診器をぶらさげて。**シンボル的な小道具を一緒に手作りすることで、思考力が鍛えられます**。

■大人は「脇役」を演じる

できるかぎり子どもに芝居を引っ張らせ、進行や演技について「監督」してもらいます。子どもがお医者さんの役なら、親は患者か病気の赤ちゃんのお父さん役で。

■お話をふくらませる手助けをする

「さあ、次はどうしようか？　救急車を呼んで病院に行くことにする？　他に、どんなことが起きるかな？」

■同じことを何度かやったら「新しい展開」を提案する

お医者さんごっこなら、海賊船に乗ってみる、舞台を宇宙にする、など。また、同じ役を、場面を変えて演じてみましょう。

子どもだけで遊ばせる（5歳以上）

5歳以上になると、子どもだけで細かくシーンを設定して、自分たちでつくった小道具を使って遊ぶようになります。

■大人は「アイデアの補助」に回る

大人は役のひとりを演じるよりも、子どもたちにアイデアを提供します。

■「材料」を提供する

材料（ブロック、布、毛布、紙、ハサミ、のり）を用意して、子どもに小道具をつくらせます。

■子どもが人形を多用し始める

それまで自分が衣装を着て役を演じていた子どもが、人形を使って、声色を変えて複数の役を演じて、お医者さんごっこをしたりするようになります。

■物語や絵本のストーリーをベースにしたお芝居をする

慣れ親しんだ物語をベースにしたり、まったく新しいお話を創作したりして、お芝居をするようになります。

■きょうだいがいる家庭では……

上の子が下の子にやり方を教えるようにうながしてあげてください。

28 9つの方法で「創造力」を伸ばす

——これからの時代に必須の重要スキル

20年後を生き抜くための力

20数年後、大人になったわが子に、どんな人生が待ち受けているでしょうか。予測不可能な世界を生き抜くためには、人生をうまく操縦する知恵や機微が必要になります。未来の住人にとって重要なスキルのひとつと考えられるのが、「創造力」。

起業家、アーティスト、民間企業の会社員、役人、NPO、学者……**いずれの職業でも求められるのは「創造的に思考できる人間」です。**

従来、子どもの学業成績や人生を予測するために行われてきたIQテストは、「言語力」「論理（数学）的思考力」「空間認識能力」の測定には有効です。

しかし徐々に、研究者・起業家・教育者のあいだで、IQテストでは測ることができない「創造力」という能力もまた、**急速に変化する社会のなかで価値が高い**と考えられるようになってきました。

では、創造性は測定できるのでしょうか？

できます。ＴＴＣＴ（トーランス式創造性思考テスト）は、独創的・大胆・精巧なアイデアを創作する能力を評価する指標として、数十年にわたって学校で使用されています。

たとえば、１本の曲線が紙に描かれていて、「この絵を仕上げなさい」と指示するような設問です。

創造力を伸ばす効果的な方法

創造的思考能力は3分の1が遺伝、3分の2が訓練から築かれることが、誕生直後から別々の環境で育てられた双子の研究からわかっています。

以下は、「子どもの創造力を伸ばす９つの方法」です。

- 興味を情熱に変えるように励ます。

- 間違いを許し歓迎する。「間違える覚悟がないと、独創的なアイデアは思いつかない」とは、イギリスの能力開発・教育アドバイザーのケン・ロビンソン卿の言葉です。
- 視覚芸術（絵画、写真など）、演劇、読書プログラムを受講させる。
- 子どもの才能に気づいて、サポートする。
- 成績よりも、学習した内容に興味を示す。
- ひとつの問題に対して、複数の解決策を考えるようにうながす。
- 解答を与えるよりも、解答を探すための「ツール」を与える。
- 視覚的に考える見本を示す。たとえば家具の配置を換えたいときに、子どもと一緒にスケッチをする。
- 新しい考え方をうながすために、たとえや比喩表現を使う。

（ポール・トーランスとケン・ロビンソン卿のインタビュー記事を参照）

いろんな角度からアプローチさせる

子どもの**興味を情熱に変えるには、あらゆる角度から追求させてあげる**ことです。

たとえば、子どもが地図に興味を示したら、以下のような手助けをしてあげるといいでしょう。

「子ども部屋の壁を地図だらけにする」

「地理のゲームをする」

「粘土で街の3Dマップを作成する」

「アンティークショップに珍しい地図を探しに行く」

「トレーシングペーパーで地図を写し取る」

「市街地図をコピーして外出したルートを書き込む」

「ひとつの場所をさまざまな用途の地図（航空写真、地勢図、気候地図、資源地図）で確認する」

「街の設計者になったつもりで地図を描き換えるアイデアを出し合う」

「地図製作者を訪問する」


いますぐやってみて！

散歩をしながら、目にした光景について、何がどんな理由で起こっていて次はどうなるかを想像して、親子で話し合いましょう。

29

「なぜ」「どうして」にとことんつきあう

――面倒がらずに「好奇心」を最大限に伸ばしてあげる

「4歳」は人生でいちばん質問する時期

4歳は、人生で最もたくさん質問をする時期。学校が始まる前がチャンスです。

「子どもは先生が『挑発的な質問』よりも『正しく答えること』に価値を置くことを、あっというまに学習してしまう。成長して企業に入るころには、すでに好奇心を頭から追い出してしまっている」と、研究者のハル・グレガーセンは「ハーバード・ビジネス・レビュー」誌に書いています。

子どもが**「なぜ？」「どうして？」「もしも？」と問い続ける環境**をつくるには、どうすればよいのでしょう。

どこでも一緒の「音声ガイド」になる

ひとつの方法は、周りの世界をつねに詳しく説明してあげること。以下に、ある在宅パパ（金融ブロガー）のブログを紹介します。

僕はだいたい1日に6時間ほどを、息子と遊んだり一緒に学んだりして過ごしている。イメージとしては、美術館によくある持ち歩き可能の自動音声ガイドになったみたいなもの。たとえばある日の会話は、こんなふう。

「パパ、どうして昨日僕たちがこしらえたダムに、小川の水があふれちゃったの？」
「今日は外が暑いだろう？　温度計を見なさい。摂氏30度だ。小川はどこから流れてくる？　山の上のほうだ。こんな暑い日には、山に積もった雪はどうなると思う？」

（Avoiding Ivy League Preschool Syndrome, mrmoneymustache.com より）

私も、よちよち歩きの娘にこういう接し方を心がけています。娘は自転車の話をしたり、ヘルメットを頭に載せたり、自転車のペダルを回すのが大好き。

そこで、私の自転車のタイヤがパンクしたときに、娘にタイヤの空気を押し出させて違いを感じてもらい、**空気入れを手伝ってもらいました**。

「汚れるから」と娘を寄せつけないよりも、このほうが私と娘の両方が楽しい時間を過ごせます。

あるとき、娘が小さなキャンドルに興味を持ったので、棚からひとつ取って暗い部屋に持ち出し、娘を膝に座らせて火をつけました。

ふたりで小さな声で**「きれいね」「さわると炎は熱いわよ」**などと話をしました。娘は、小さな指を炎にかざしていました。火遊びの幼児バージョンです。いい経験になったと思います。

CHAPTER5

つながり

親との交流が「心」と「体」を強くする

ささやかなマニフェスト。
子どもと一緒に床で過ごす時間を増やす。
ベビーカーより抱っこひも。
車より徒歩。
瞳をのぞきこむ時間を増やし、画面を見ている時間を減らす。
本気でお互いを知りましょう。

30

すべてを「自分だけ」でしようとしない

——ラクに「助けてもらう」方法を身につける

もっと気軽に助けてもらう

「自分でなんとかできそうだから」

子守をしましょうか、という私の申し出を断ったとき、ご近所さんはそう言いました。

別の友人は、レストランで「いいの、大丈夫だから」と、子どもを2人ともトイレに連れて行きました。ハイチェアに座らせた子どもは、私が見守ってあげられたのに。

助けを求めるのは、なかなか難しいこと。

他人に負担をかけたくないし、助けてもらうこと自体、自分に非があると考えがち。子育ては自分でやるものだと多くの人が思っています。

でも、**助けを要求できない「心のわだかまり」は、どうか克服してください。**

逆に、友人から助けを求められたら、どうしますか？　喜んで手を貸すのでは？（生後半年未満の赤ちゃんを育てているときは難しいでしょうが）。

私たちは総じて、**「他人の手を借りずに子どもを育てるのは不可能」**ということを忘れています。精神的にタフかどうかの問題ではありません。

私たち人間は、単独で子育てするように進化していません。「孤」育てが典型的な現象となったのは、ほんの最近のこと。自分への非現実的な期待は「孤立」や「気分の落ち込み」「絶望」「罪悪感」を招きます。

いますぐやってみて！

「手伝って」と頼みましょう！

人が多いと一気に子育てがラクになる

「子どもを1人育てるには村中の人が必要」ということわざがあります。私がその意味を本当に理解したのは、週末に、幼児の娘と母と姉妹2人と14歳の姪《めい》と9歳の甥《おい》と一緒に、寝室が2つのホテルのスイートルームに宿泊したときでした。

久々に集合して家族の話で盛り上がっているそばで娘は部屋を走り回っていますが、いつも誰かが見守ってくれる。**いつもとぜんぜん違います。**誰にも大きな負担がかからないのです。ものすごい解放感！

これまであまり赤ちゃんと触れ合う機会がなかった人（私がそうでした）は、**赤ちゃんのお世話の大変さは、予想をはるかに超えるものだと覚悟してください。**

1人の赤ちゃんを8時間毎に14人で見守る集落があるぐらいです。あなたが考えているより多くの人に助けてもらうことが必要です。

両親や親戚が隣に越してこないかぎり、友人やご近所を通じてコミュニティを築くべき。**ネットワークを築いたら、実際に使いましょう。**

この項の最初に触れた「ご近所さん」は、私がもっと強引に申し出ていたら受けていたそうです。そこで今度は、「木曜日はフリーだから赤ちゃんを預かるわよ。何時なら都合がいい？」とたずねたところ、「お昼の12時」という答えが返ってきました。

31 パートナーにも子どもにも「共感」する

――ちょっと変えるだけで、心も体も健康になる

言葉を変えれば幸せになる

結婚生活を円満にする、とっておきのコツは「感情を示すときは、まず最初のひと言を『共感』から始めること」。

ついやってしまうのが、いきなり助言をしたり、難癖をつけたり、パートナーを怒らせた人をかばったり、話題を変えたり、といった反応。

でも、**パートナーが望んでいるのは「共感」してもらうこと。**相手の身になって、気持ちに理解をみせましょう。

「残念だったね。そんなことがあったら、僕もいやだよ。わかるよ、さぞかしイライラしただろうね」

「それはがっかりよね。わかるわ、いつまでもモヤモヤを引きずるわよね」

「そんなことがあったの。それはいい気持ちがしないね」

共感は健康にいい

共感は、実際に体を癒《いや》してくれます。

脳は、迷走神経を使って体の臓器を監視し、コントロールしています。

脳が共感を感知すると、迷走神経に信号を送り、**心拍数を低下させ血圧を下げることによって、体をリラックスさせようとする**のです。

共感は人間関係を一瞬で変える

共感は、結婚生活において強力なツールです。なぜなら、意見の不一致が大多数を占める限り、解決策は見出せないからです。

人はそれぞれ違った価値観や動機、欲求を持っています。**対立を乗り越える最良の道は、ひたすら理解を示すことです**。

私たち夫婦のケンカの種は、私が夜型人間で夫が早起き人間であること。私の夜更《よふ》かしが過ぎると、以前なら夫は人としての責任について説教を始めました。でも、最近は共感してくれるようになりました。

「睡眠はじゅうぶん取れた?」と夫。

「いいえ。4時間くらいかな。遅くまで起きてたの」と私。

「それはたいへんだね。何か手を貸せることはある?」

初めてこんな反応が返ってきたとき、安心感と感謝が体をかけめぐりました。攻撃ではなくサポートを感じ、夫との距離が縮まったような気がしました。**ちょっとしたひと言が、大きな変化を生むのです。**

「ダメ」を言わずに共感する

新生児の赤ちゃんにも「共感」が効果絶大。

赤ちゃんの立場から考えることで、**長時間抱っこであやしたり、夜中にオムツを替えたりといったお世話のときのイライラが軽減します。**

夫はこれが得意です。泣いている娘に「悲しいんだね、かわいそうに」「赤ちゃんはつらいよね」「さあ、オムツを替えようか。オムツがきれいだと、気持ちいいよね」と声をかけるので、私もつい笑顔になりました。

幼児になっても、共感力が役立ちます。たとえば子どもが手に入らないものをほしがっているとき。

「そうだね、素敵ね。**だけどいまは、○○という理由で、できないんだ**。でも、他のこれならできるよ」

「わかるわ、もっとブルーベリーが食べたいよね。美味しいものね。だけど、たくさん食べたから、もう少し待ってからにしましょうね」

「これはハサミだよ。**これで遊びたいんだね**。だけど、ケガをしたら危ないから、しまっておくね。代わりにお絵かきをしよう」

子どもは話を聞いてもらえていると感じ、あなたも「ダメ」を連発せずにすみます。

32

「ポジティブな言葉」を増やす

――いい仲をつくれる家庭、やがて壊れていく家庭

「コレ」だけ守れば、仲良くいられる

結婚すれば、必ずケンカをします。
相容れない対立があるとき、あなたとパートナーはどうしますか？

①穏やかに妥協《だきょう》し合う
②派手にケンカして仲直りする
③価値観の違いにほとんど向き合わない

じつは、3タイプのいずれであっても、幸福で安定した夫婦関係を築くことができます。

ただし、重要な条件がひとつあります。

結婚研究家のジョン・ゴットマンが言うには、結婚生活においてポジティブな交流（触れ合い、笑顔、ほめ言葉など）を、ネガティブな交流よりも多く持つことです。

さあ、さかのぼって考えてみて。

ゴットマンは、35年の研究を集約すると、「幸福な結婚生活を送るカップル」には次の特徴があると言います。

- 仲の良い友人のように振る舞う
- 対立したときに、穏やかにポジティブに対処する
- 口論のネガティブなやりとりを後から修復する
- ネガティブな感情を完全燃焼させる

家庭をダメにする「4つの言動」

逆に、以下の4つの言動を日常的にくり返すカップルは、平均5・5年以内に離婚することがわかっています。

■**批判**

パートナーの欠点について、不満を述べる。

「あなたはいつも散らかして、私に片付けさせるのね。どうしてそんなにだらしないの？」（改善例：「一緒にお皿洗いをしてくれたら嬉しいな」）

■**軽蔑**

相手がまったくのダメ人間であるような、見下した言い方をする。

「ダメよ、そんなやり方！」

■**防御**

責任を否定する（「私だったら、そんなことしないけれど……」「あなたがそんなことをしなければ……」）。

コントロールできない状況を非難する。

責められるとパートナーの不満を受け止めずに即座に自己弁護をする（「あなただって完璧な人間じゃないでしょ」）。

■妨害

聞いていることを示す合図（うなずく、「うん、うん」「それで？」などの相づち）をせずに、石のように黙っている。

「（結婚の達人は）自己弁護したり傷ついたりする代わりに、ケンカの最中にも愛情や相手への強い関心、敬意をさりげなく示す」（ジョン・M・ゴットマン、ジョアン・デクレア著、伊藤和子訳『「感情シグナル」がわかる心理学』ダイヤモンド社）

対立を避けるのではなく、上手に扱うことが、円満な結婚生活につながります。これは、子どもとの関係にも同じことが言えます。

33 子どもの「生まれつきのタイプ」を知る
——タイプに合わせた子育てをする

子どもには「生まれつきの性格」がある

子どもには、それぞれの気質があります。

冷静でクールで落ち着いた赤ちゃんがいます。ボルシチからココナッツキヌアまでなんでも食べ、雨の日も晴れの日も外で遊びたがる。不機嫌になっても長引かず、「ダメ」の理由を説明すると、たいていは受け入れる。ママが手本を示すと、素直にやりたがる。

変化を好まない赤ちゃんがいます。同じ食べ物を、同じ調理法で同じ時間に食べたがる。知らないおもちゃや人に驚いて、泣く。裏返しに言うと、時間をかけて接すると、頑固なほどに忠実。新しいことを試すのに慎重。

興味を示すと頭から突っ込む赤ちゃんがいます。あらゆることに興味を持ち、エネルギーに際限がなく、両親は、しょっちゅう全速力で走ったり、用心深く予測を立てたり、慌てて指示を変えたり。非常に粘り強く、策略家と言ってもいい。変化に敏感で、気分が変わりやすい。

これらはすべて、生まれつきの性格です。

気質をタイプ別に初めて分類したのは、研究者のステラ・チェスとアレクサンダー・トーマスです。1956年から1988年にかけて、140人の子どものデータを収集し、**気質の9つの特徴**を特定しました。

①活発さ、②規則正しさ、③新しい環境への反応の仕方、④変化に対する順応の速さ、⑤喜怒哀楽の激しさ、⑥機嫌の傾向、⑦注意のそれやすさ、⑧粘り強さ／注意持続時間、⑨五感の敏感さです。

彼らの功績により、赤ちゃんには生まれ持った気質があり、その気質は子ども時代を通じてほとんど変化がなく、親の影響は限られていること、子育てのスタイルに影響を与えることがわかっています。

刺激を好きな子と嫌いな子がいる

トーマスとチェスは、65パーセントの子どもが以下の3つのタイプに分類されることを発見しました（これ以外は混合型）。

■①柔軟・ラクな子ども（40パーセントの子ども）

適応力がある。
食事と睡眠のパターンが整っている。
新しい刺激にラクにアプローチできる。
変化に穏やかに応じる。

■②短気・活発・難しい子ども（10パーセントの子ども）

変化への適応が難しい。
食事と睡眠のパターンが不定期。

新しい刺激を拒む。
変化に過敏に反応する。

③慎重・打ち解けるのに時間がかかる子ども（15パーセントの子ども）

変化にラクに適応しない。
食事と睡眠のパターンがばらばら。
新しい刺激を拒む。
変化への初期反応は穏やかだが、くり返し体験した後に意見を固める。

タイプをまわりに知ってもらう

私は娘を、大きい子向けのクライミングウォールに挑戦させたり、ちょっと高度なアウトドア体験をさせたりします。友人は心配してくれますが、私はというと、友人がそういう体験を子どもにさせないのが気がかりです。

もちろん、子どものことは親がいちばんよくわかっていて、たいていは、わが子にとって（そして親にとって）ベストの選択をしているものです。

でも、自分の選択に不安がある新米ママパパは、他人の意見を「批判」と感じやすいもの。

そんなときは、**わが子のタイプを知ってもらうことで批判を避ける**のも、ひとつの手です。人見知りの子の場合は「慣れるのに時間がかかる子なのよ。自分から行くのを待ってもらえる?」。アグレッシブな子の場合は「パワーがありすぎるぐらいなの。全力を注ぐところには、親として感心させられるわ」などとまわりの人に伝えるのです。

気質に「優劣」はない

トーマスとチェスが特定した9つの特徴のうち、「あらゆる状況で理想的」なものはありませんでした。どれも一長一短です。

「粘り強い子」は、仲間づくりには力を発揮しますが、不一致が起きると疲弊《ひへい》するでしょう。「内気な子」はトラブルメーカーになりにくい一方で、学校で立候補制で何かを決めるとき、チャンスを逃すかもしれません。

生まれ持った気質は概して大きく変化しませんが、**表面的な現れ方は変わっていきま**

す。「内気な子」は、優しく導かれることにより、快適な交流を学んでいくでしょう。心理学者のジェローム・カガンによると、極端な性質を持っている子も、7歳までに中間寄りに移行します。

気質が子どもの未来を予測する指標になるとすれば、**どんな人間に「なるか」ではなく、どんな人間に「ならないか」のほうです。**

親と子には「適合度」がある

わが子の気質をどう捉えるかは、親次第です。どんな気質でも、自分の価値観やスタイル、期待にそぐわないと、扱いづらく感じるでしょう。トーマスとチェスは、これを「適合度」と呼んでいます。

子どもとの適合度が低い親が、よりよい関係を築く方法はただ一つ。**親の期待とスタイルを調整し、子どもの環境を調整することです**（例：活発な子どもには、外遊びの時間を増やす）。

たとえ子どもと相性がよくても、わが子を知り、どういう子育てが合うかを理解するには、時間がかかります。

私のよちよち歩きの娘は新しいことに積極的なので、知らない人の集団にすぐになじむと思い、グループの輪に放り込んで、私は脇に下がりました。すると、娘が戻ってきて脚にしがみついたのです。私は少しがっかりしました。

ですが、私が**1分間そばに座って抱きしめてあげる**と、まもなく喜んで輪の中に入っていくことがわかりました。

「気難しい子」を安心させる

どの気質の赤ちゃんも、ときどき必ず気難しくなります。たそがれどきは、新生児がぐずりにぐずってお手上げ状態になる「魔の時間」です。

また、幼児は突然、**親が何をやっても「イヤ！」と譲らなくなる時期があります**。さらに、自我が目覚めるにしたがって、なんでも「自分でやる！」と言ってきかなくなります——なぜか急いでいるときに限って。

怒りっぽい子どもは、ささいなことにいらだちを感じ、不機嫌な反応をするので、どんな親にとってもいちばん手ごわい相手です。
でも、子育てをラクにするいくつかのヒントがあります。

■関わり続ける

研究によると、反応が過敏な赤ちゃんの母親は、徐々に赤ちゃんから距離を置き、かまってあげたり一緒に遊んだりが減る傾向にあります。**つねに共感し、理解するアプローチを取ることが、赤ちゃんが安心を感じるために最も重要です。**

■「トレーニング」を受ける

生後6か月の「怒りっぽい」赤ちゃんの親が、子どもの要求に敏感になるトレーニングを3か月にわたって受けたところ、半年後、生後12か月の赤ちゃんの70パーセントが安心して愛着を感じていたのに対し、トレーニングを受けていない親の子どもは30パーセントという結果に。子育ての講習会や子育てコーチを探したりするのがお勧めです。

■「一貫した態度」でのぞむ

反応が過敏な子どもの親は、しつけに一貫性がなくなりがちです。子どもはますます反応が過敏になります。

■ぶつかったら「ひと呼吸」置く

子どもと母親の両方が、反応が過敏な気質を持っている場合、子どもはより反抗的で攻撃的になる傾向があります。気持ちが高ぶってしまったら、対立がエスカレートするのを避けるために、いったんママが「タイム」を取って気持ちを鎮めましょう（271ページ参照）。

34

週に一度、「20分の家族会議」をする

──「話す機会」をつくれば問題を防げる

「自分で考える力」がアップする

家族での「話し合い」は、いつしていますか？

急いで学校や職場に向かうとき？　口論の最中や腹が立ったとき？

家族全員の食事のときは、今日の出来事の報告のほうがしたいですね。

毎週、20分間、家族会議の時間を設けましょう。

ブルース・フェイラー著『幸せな家族の秘密（The Secrets of Happy Families）』（未邦訳）によると、これを実行している家庭は……

- ストレスが少なく、コミュニケーションが増え、生産性が高くなる。

- 子どもが自分の問題に対して創造的な解決策を見出すようになる。
- 冷静な意思決定ができる（「なるほど、そのことで怒っているのね。家族会議の日に話し合いましょう」）。

「家族会議」ではこれを質問する

「日曜日の夜」など日時を決めて、スケジュールを必ず空けること。会議の内容は、個人的なことよりも家族全体のテーマに焦点を当てたものに。子どもは3歳ごろから参加させます。

3つの質問をしましょう。

■①この1週間で家族のなかでうまくいったことは?

家族のメンバーをほめることから始めてもいいでしょう。「○○したのがよかった」「○○がありがたかった」

■②この1週間で家族のなかでうまくいかなかったことは？

人のよくなかったところを指摘するときは、礼儀を保ちつつ話しましょう。

■③これからの1週間に対処すべきことは？

目を向けるべき問題を1つか2つにしぼり、一緒に解決策を考えます。**どんなアイデアも、即座には否定しないこと。**独創的な思考を摘《つ》み取ってしまいます。すべてのアイデアを並べて、家族として評価し、一緒に1つの解決策を選びます。全員の合意のもと、一定の期間試してみて、後日の家族会議で再度判定しましょう。

家族会議に慣れるまで、2、3週間全員で練習します。週に一度の会議を楽しくするために、終わったら映画を観るとかアイスを食べるなどの「ごほうびイベント」を加えても。

「家族会議」の一例

夕食後におかずが残る――これが、ある回のナトキン家の家族会議の議題でした。アイデアを出し合っているときに、子どもたちがいくつかの提案をしました。

「おかずをきっちり数えたら？（ママの心の声：豆のひと粒まで？）」

「大皿盛りにしたら？（ママの心の声：すでにそうしてるんですけど……）」

「重さを計ろうよ！」

やってみる価値はある、と全員が賛成。

それぞれのお皿に料理を盛りつけたらすぐに計量し、食べ終わったらひと皿ずつ計量。

家族一人ひとりが食べたグラム数を割り出しました。


すると、3日で残飯の量が激減しました。

子どもたちは皿に取る量を減らすか、がんばって食べるようになりました。どちらにしても、**計量したことで、意識と責任感が生まれた**のです。すぐに皿の重さを計らなくてもよくなりました。

母親が「こうしなさい」と一方的に指示するよりも、**家族全員で考えるというプロセスを経るほうが、はるかに家族の行動を変える**ものです。

35

子どもの前で「スマホ」をしない

——「顔を見てのやりとり」がコミュニケーション力を伸ばす

スマホに時間を奪わせない

子どもの前でスマホをしない——。そう言うと、激しい反発の声が聞こえてきそうです。そんな「極端な」措置《そち》が「本当に」必要なの？

スマートフォンやその他のデジタルデバイスの影響について、科学的に確実なデータはまだありません。でも、人間という生き物についての重要なことはいくつかわかっており、そういった情報が、スマホとの付き合い方のヒントになるでしょう。

人生で最も重要なのは「人間関係」のスキル

ママやパパ、きょうだい、お友だち。少し大きくなったら、クラスメイトや先生。社会人になってからは、同僚や上司。恋愛のパートナー。いつかは自分の子ども……。

まわりの人とよい関係を築くにはどうすればよいでしょう?

子どものころから**「顔を見てやりとり」**することで、コミュニケーションのスキル、思いやり、自分の感情や行動を制御する、など、多くのことが学習できます。

そして、**コミュニケーションの大部分は、「表情」や「しぐさ」を読み取るという言葉以外のやりとりで成り立っています。**

子どもには「人の心を読む」練習が山ほど必要

コミュニケーションで言葉以外の情報を理解できるようになるには時間がかかることが、数々の研究からわかっています。

- 3歳児は2歳児よりも、言葉を補足する表情の意味を理解する(「おもちゃを片付けてね」と指示したあとに「やりなさいよ」という顔つきをした場合など)。
- 4歳児は、体の動きから感情を読み取ることが、ある程度できる。5歳になると、さらに上手になる。

・8歳児は、大人と同じぐらい非言語のサインを読むことができる。

親がデバイスに没頭していては、子どもは「人の心を読む」学習ができません。**良好な人間関係は、幸福の秘訣です**。子ども、パートナー、友人としっかり向き合うことで、人間関係がより豊かになります。これが、幸福な人生を送る鍵です。

メールは受信オフ、ノートPCはしまっておく

私は、幼い娘が近くにいるときはスマホとノートパソコンの使用を自分に禁じています。

1日に1回は失敗しますが、やるだけの価値はあります。**デジタル機器は、思っているより長い時間を使ってしまう**ものです。

そんなとき、赤ちゃんが無視されたことに怒っているのがはっきりわかります。コミュニケーションを取りたい相手が画面に夢中になっていれば、私だって同じ反応をします。

だから、赤ちゃんがハイチェアで遊んでいるあいだにキッチンで素早くメールを送信し

たり、ジョギング用ベビーカーに載せてジョギングに出発する直前、顔が見えないときにログインしたりしています。

メールの自動受信機能をオフにし、スマホ画面にメールの着信が表示されないようにしておけば、いますぐ読まなければと思わずにすみます。

また、マナーモードにしておけば気が散りません。ノートパソコンは、お昼寝や就寝時間までしまっておきます。

デジタル機器を完全に避けるべきとは言いません。ただ、**どれほどの時間を奪われているのかは一度考えてみてください**。使い方や時間を見直す良いきっかけになるでしょう（210ページ参照）。

いまの時代、リアルに交流する時間と環境をつくるには、努力が必要なのです。

36

2歳まではテレビを「あまり」見せない

——テレビで親子のやりとりが減ってしまう

なぜ、テレビを見せてはいけない？

「テレビのどこがそんなに悪いの？」「別にいいじゃない？」という人が大多数です。

実際、生後3か月までにテレビを見ている赤ちゃんは40パーセントもいます。2歳までに90パーセントが1日1～2時間、テレビやビデオを見ています。

米国小児科学会（AAP）が、1996年に子どものテレビ視聴についての見解を発表したとき、メディアの大半がAAPのスタンスを**「2歳まではテレビは一切ダメ」**と報じました。

これが「非現実的」だと見られ、2013年の改訂版ではAAPはテレビを「奨励していない」となりました。

テレビは「子どもらしい行動」を妨害する

乳幼児がテレビを見るのは、何が問題なのでしょう？
問題は、いくつかあります。

■テレビ視聴の「プラスの影響」は認められていない

巷《ちまた》で流通している赤ちゃん向けの「知育ビデオ」でさえ、その効果ははっきりとしていません。**少なくとも幼児期までは、人間の脳は人間から学ぶようにプログラミングされています。**対面式の交流によって脳のフィルターが働き、ある種の学習をするか否《いな》かを決定するのです。

■知育ビデオは逆に「ボキャブラリー」を損なうことも

赤ちゃん用知育ビデオ「ベイビー・アインシュタイン」を見た赤ちゃんは、見ていない赤ちゃんよりも、ボキャブラリーが少ないという研究結果があります。この研究結果は製造者へのクレームを呼び、ディズニー社が保護者に返金する事態にまでなりました。

また、2種類の研究において、「セサミストリート」が2歳未満の子の言葉の表現力を損なうことが証明されています（ただし2歳以降では就学準備など他の分野に役立つことがわかっています）。

■子どもが「交流」をしなくなる

テレビを見ているあいだ、子どもは対面によるやりとりをしていません。ママの話し声を聞いていません。

「探検する」「遊ぶ」「動く」という発育の鍵となる活動をしていないのです。

つまりは「子どもが交流をしなくなる」のが問題なのです。テレビは子どもには合わないのです。**子どもらしい行動をストップさせる**のですから。

よちよち歩きの子どもを、30分間じっと座らせておけば、ママが掃除をしているあいだに、あらゆる引き出しの中身が床に散らばることはないでしょう。テレビじゃなくて「知育ビデオ」を見せるのは、たんに親の罪悪感を薄めるだけです。

さらに言うと、テレビを子どもに見せる本当の理由は、次のことかもしれません。

■親が休みたいだけ

なのに、必要な助けをパートナーやご近所、親戚、友人から得ようとしない（168ページにヒントがあります）。

■親が用事を片付けたいだけ

親が何かをしたいときは、赤ちゃんが何かに熱中しているほうがはるかにラクです。でも、現実への期待値を調整できれば、ストレスが少なくてすみます。

親が他の用事をしているときでも、そばにいるときは、赤ちゃんと関わることを優先させましょう。もちろん、できる用事は減りますし、あらゆる家事に5倍の時間がかかります。でも、**それは本当にいけないことですか？**

ゆるく「テレビ禁止」のルールにしてみる

わが家は「テレビ禁止」の方針です。とはいえ、ベビーシッターが娘に見せてしまうこともありますし、テレビを見ながら夕食を取る友人宅にお邪魔することもあります。また、スポーツ観戦は例外にしています。

それでも私は「テレビ禁止」というルールが気に入っています。

テレビが消えているほうが、親子の触れ合いが明らかに増えますし、おもしろいやりとりができます。

テレビがついているときは親から子どもへの関わりが20パーセント減るというデータにもうなずけます。

AAPも「全面禁止」というスタンスではないので、多少見せることに罪悪感を持ってはいません。

37

2歳を過ぎたらテレビを「利用」する

――この基準で「いい番組」を選ぶ

こんな「参加型」の番組がいい

2歳を過ぎたら、子どもは参加型のテレビ番組から学びを得ることができます。

たとえばこんな番組です。

キャラクターが……

「子どもに直接話しかける」

「子どもに返事をする機会を与える」

「子どもにモノの名前を言う機会を与える」

このような特徴を持つ教育番組（たとえば「ブルーズ・クルーズ」「ドーラといっしょに大冒険」など）は、「語彙力」「社会性」を伸ばし、「就学準備」に役立ちます。

2歳という年齢は、なぜ特別なのでしょう?

研究によると、**1歳半から2歳半のあいだに情報処理能力が変化し、テレビに集中しやすくなる**のです。

この年齢になると子どもは、くり返し画面を見ているうちに、そこから情報をつかむ術《すべ》を学んでいきます。

■「語彙力」が向上する

参加型のテレビを観た後の子どもは、観ていない子どもよりもボキャブラリーが増えた(また、「テレタビーズ」などの非参加型の番組を観た後にボキャブラリーが減った)という実験データがあります(ディズニー映画を観た後は、増減なしか減るかでした)。

■「社会性」が増す

3歳児には大人向けの皮肉っぽいアニメを観せるべき? それとも動物がみんなで助け合う子ども向けのアニメを観せるべき?

最近の研究で、暴力的なテーマの大人向け番組から、社会性のあるメッセージ(「共感」「助け合い」「暴力を使わずに争いを解決する」など)を含む子ども番組に視聴を切り替えると、未就学児の攻撃行動を減らせることがわかっています。

■小学校に行く前の「勉強」になる

低～中間所得者層の子どものうち、教育番組（「セサミストリート」など）を観ていた子どもは、**観ていなかった子どもよりも、3年後の学校のテストで高得点を取った**、というデータがあります。

テレビは「1日2時間」までにする

AAPは、2歳以上の子どもがテレビやその他の画面を見るのは1日2時間までに抑えることを推奨しています。

その理由は……

■テレビの前で過ごす時間が「肥満」を呼ぶ

テレビを観ている時間は、何かを食べることはあっても**体を動かすことはありません。**

テレビ視聴はきわめて受動的なので、**机の前に座っているときよりも新陳代謝率が低くな**

ります。1日2時間以上のテレビやビデオの視聴は、健康を害する危険があります。

■「読書の時間」を奪う

テレビがほぼつけっぱなしの家庭（幼い子どものいる家庭のじつに30パーセント）は、それ以外の家庭に比べて、3歳〜4歳児の読書時間が25パーセント少なく、5〜6歳児では40パーセント近く少ないというデータがあります。

■「遊び」を妨げる

観ていないテレビがついているとき、子どもはときどきちらっと観るぐらいで、意識を向けていないように見えます。

でも、1歳から3歳の子どもを調べたところ、実際には、テレビがついていると、**遊ぶ時間が減り、遊びに集中しにくくなり、おもちゃを次々に取り換え、工夫した遊びが少なくなる**ことがわかりました。

■「集中」できる時間が短くなる

1日2時間以上テレビを観ている子どもは、**集中力の持続時間が短い**というデータがあります。

■「睡眠」を妨げる

1日2時間以上テレビを観ている子どもは、睡眠の問題がはるかに多くなる傾向にあります。

夜のテレビ視聴もよくありません。テレビがあると寝かしつけの役に立つという親がいますが、研究データによると、テレビを観ることで就寝時間が遅くなり、寝つきが遅れ、赤ちゃんが入眠を不安がり、睡眠時間が短くなります。

睡眠不足は長期的にみて赤ちゃんの学習能力に悪影響があります。もちろん、翌日の機嫌や行動にも影響します。

他にもこんな「落とし穴」があります！

まだ社会のルールにさらされていない小さな子どもは、観たものをためらうことなく「真似」してしまいます。

小さな子は「暴力的な番組」も真似をする

娘が1歳7か月のとき、アメリカンフットボールの試合をテレビで観た後（夫の指導も多少あり）、両手を天につきあげて「タ―ッチ、ダウン」と叫びました。これはかわいいのですが、床にすべりこんで私に頭突きをしようとしてくるのには困りました。

2歳から5歳の子どもは、まだファンタジーと現実の区別がきちんとつきません。

ある研究からの引用ですが、「あまりにも非現実的な行動パターン」でさえも真似てしまいます。お子さんが観ている内容は、親として子どもに真似させたいことですか？

「裏にあるメッセージ」が伝わらない

ある教育番組をくり返し視聴していた子どもが次第に暴力的になった、というケースがありました。物理的な暴力ではなく、人との関係性において、他の子どもがリクエストに応じないと、誕生日パーティの招待を取り下げたり、グループから外したりする、という行動が見られたのです。

問題のテレビ番組は、人間関係のもめごとなどの対立する場面を設定し、最後に仲直りするという展開のものでした。

しかし子どもだけで視聴した場合、**対立だけに意識が集中し、物語が伝えたい「道徳**

観」のメッセージを見落としてしまうのです。

ひとつ例を挙げると、犬が主人公のアニメ「おおきい あかい クリフォード」のあるエピソードのメッセージは「見た目が違っても友情は成り立つ」(三本足の犬が登場する)でしたが、幼稚園児の90パーセントがこのメッセージを理解できませんでした。

一緒にしゃべりながらテレビを観る

では、どうすればよいのでしょう。

■テレビを観るときは親子で一緒に

テレビの悪影響を軽減し、好影響を引き出す方法が、数々の研究により解明されています。それは、**親と子どもが一緒に観て、番組について話し合う**こと。

子どもとテクノロジーが専門の教育コンサルタント、メリッサ・モーゲンランダーによると、最初にすべきなのが、親も楽しめる子ども向け番組を選んで、一緒にスタンバイすること。それから……

■キャラクターが質問をしたら、答える！

ばからしく思えるかもしれません。でも、テレビに向かって答えることが、大きな違いを生みます。**「一緒に参加！」が鉄則**。「数えてみて」と言われたら数えてください。「魔法の言葉」が出てきたら一緒に唱えましょう。知っている曲は歌いましょう。

■親が質問する

親の質問は、子どもにテレビの内容に関わらせる最良の方法のひとつです。つなぎの場面のあいだに子どもに話しかけたり、録画なら一時停止にして自由に答えられる質問をしたり。

「あの子があんな気持ちになったのは、どうしてだろうね？」

「どうしてああなるってわかったの？」

■内容を「日常」にリンクさせる

みんなが水族館に行く場面では、子どもと一緒に水族館に行った思い出を話しましょう。キャラクターがブロックを壊されて悲しむ場面では、子どもがブロックを壊されて悲しい思いをしたことを振り返りましょう。

■終わったら話し合う

終了後は、番組のおさらいです。感想をたずねたり、あらすじを振り返ったり。子どもに好きなキャラクターやお気に入りの場面をたずね、親のお気に入りも教えてあげて。**教育番組は、大人が学習を強化してあげると効果絶大**です！

いますぐやってみて！

未就学児は、平均で1日4時間画面を見ていますが、これはAAPのガイドラインの上限の2倍。2歳半から5歳半の子どもを対象にした研究に、**視聴時間を減らすヒント**があります。以下の手順でやってみてください。

①「テレビを観る以外でしたいこと」のリストを親子でつくる。
②絵本『テレビみないであそぼうよ』（スタン・ベレンスティン、ジャン・ベレンスティン著、HEART訳、偕成社）を親子で読んで、話し合う。
③1週間テレビを消してみる。テレビの横に貼る「テレビ禁止」の貼り紙を、子どもと一緒につくる。リストに書いた楽しいことをやる。

38

スクリーンを見る時間を「交流タイム」にする

——見る時間を減らすコツは？

「教育アプリ」が役に立つとは限らない

「教育用」のアプリやゲームは山ほどありますが、子どもがそこから学習できるとは限りません。以下の2つの基準がわかってきました。

①テクノロジーが**「反応できるもの」**であればあるほど、子どもはそこから学ぶことができる。たとえば、単語の発音を聞くために画面をタッチする必要があるアプリなら、ただ受動的に受け取るよりも、多くのことを学べる。

②テクノロジーが**「社会的」**であればあるほど良い。たとえば子どもがふたりで画面にタッチするもののほうが、ひとりだけで使うものよりも、2倍のことを学べる。

2歳を過ぎたころから、スクリーンから学習する準備が整ってきます（201ページ参照）。でも、**「人との交流」や、「運動」「遊び」「おしゃべり」など、子どもの健康的な発育のためにははるかに重要なことが他にたくさんある**ため、米国小児科学会（AAP）は、スクリーン（テレビ、パソコン、スマホなど）を見る時間は合計1日2時間未満にすることを推奨しています。

テレビやパソコンを見るときのルール

子どもにスクリーンを見せるにあたってのヒントをいくつか。

■「内容」を選ぶ

子どもが見たりアクセスしたりしてよい内容を選んで、本、ウェブサイト、ゲーム、アプリを与えましょう。

■毎日の「制限時間」を決める

1日の生活の優先順位をつけて、スクリーンを見る時間を決めます。**「運動」「遊び」**

「睡眠」は子どもの脳の発達のためにはるかに重要なので、最優先にすべきです。

■遊びとの「割合」を決める

たとえば、体を動かす遊びとスクリーン視聴の時間を3対1の割合に。3歳から5歳の子どもは、昼間は毎時間、少なくとも一度に15分は遊ぶべきです。

■「チケット制」にする

週末に、「〇分」と細切れの時間を書いたチケットを渡します。子どもは、親が価値を置く行動（手伝い、よく遊ぶ、行儀よくする、など）ができたら「換金」できます。1枚ずつ使うか、まとめて使うかは、子どもに選ばせます。

■「依存」したら取り上げる

幼児のころにパソコンを使わなかったことが将来の不利に働くという実証データはありません。子どもは少し大きくなってからでも画面操作を素早く習得できます。**子どもがデジタル機器に依存している兆候に気づいたら、しばらくデジタル機器を取り上げましょう。**

■「親の視聴時間」を減らす

子どもがどれほどの時間をスクリーン視聴に使うかを決める最も大きな要因は、親が決めたルールや、家族で一緒に見る時間ではなく、「親の視聴時間」です。親と同じだけ子どもにスクリーンを見せることに抵抗があるなら、あなた自身の習慣を変える努力をしましょう。

いますぐやってみて！

デジタル機器を、「体験学習」の補助に使うことができます。たとえば私は、バスに乗っているあいだに、**地図アプリを子どもに見せて、いまいる場所を教えたりしています。**

イモムシを育てているなら、さなぎが蝶になる様子を実際に観察するのに加えて、早回しの動画を見せてあげてもよいでしょう。

「専門家」は自分の子どもにどう教えている?

こういった研究に携わる専門家たちの家庭では、スクリーンとどう付き合っているのか、のぞいてみましょう。

子どもの発達の専門家で、ワシントン大学とシアトル小児病院の小児科専門の教授ディミトリ・クリスタキスが、「グローブ・アンド・メイル」紙で家庭のルールを明かしました。

「私も親であり、わが家にはもちろん独自のルールを設けています。親が家族のルールを決めるのは義務ではないでしょうか。また、AAPの推奨する**『1日2時間』の制限は長すぎる**と感じており、私自身はお勧めしません。

わが家では、平日に娯楽のためにスクリーンを見ることは禁止です。ここでいう『娯楽』とは、『頭を使わない』という意味です。

たとえば、15歳の息子はコンピュータで作曲をしますが、これは『頭を使わない娯楽』にはカウントしません。また、メールの送信も除外されます。よかれあしかれ、**メールの**

やりとりは中高生の子どもにとって主要なコミュニケーションになりつつあるからです。わが家ではメールの時間は電話の時間と同様に考えています」

子育てコーチ／ソーシャルワーカーのサリーナ・ナトキンは、取材にこう答えました。

「わが家のルールは、スクリーンを見る時間は平日20分、週末はもう少し多く。なぜかというと、睡眠、遊び、宿題、夕食を優先すると、あまり時間が残らないからです。

このルールの作成には、5歳と8歳の娘たちも参加しています。週末に多めの時間を設けるか、平日をなしにするか、毎日時間を設けるかは、2人が決めました。

何を見てもよいわけではありません。コマーシャルを抜いた録画番組、親が確認したアプリ、見てもよいと決めたウェブサイトだけにアクセスできるようにしています」

親子一緒にゲームで遊ぶ

子どものころ、初期のパソコンで、姉妹2人の声援を受けつつ「マイク・ザ・マジックドラゴン」というゲームで遊んだ思い出があります。敵を避けながらジャンプしてパラシュートで飛び降りてアルファベットを拾い、「DOS」や「PRINTER」といったコンピュータ用語（オタクっぽい！）のつづりを並べるゲーム。

大好きなゲームでしたが、**姉妹たちと一緒だと楽しさ倍増だった**のを覚えています。

子どもがテレビゲーム大好きなら、親も一緒に遊ぶのがお勧め。勝利の喜びと敗北の悔《くや》しさをわかちあい、上達して勝つためには忍耐がいることを学ばせます。

39

「自分で解決する力」を伸ばしてあげる
――子どもが「壁を乗り越える」手伝いをする

「失敗」「不快感」「退屈」を受け入れる

わが子が悲しんでいるのを見るのはつらいもの。でも、親があらゆる問題を解決していては、子どもが自分で問題解決をする術を学べません。

親は、わが子が大人になる準備をさせましょう。それはつまり、**「壁は乗り越えられる」**と子どもが気づく手伝いをし、そこから脱出するスキルを学ばせること。傷ついたときに、痛みを遠ざけるのではなくて、痛みに健康的に対処する方法を教えることです。

子どもの「自分で解決する力」の発達をうながすための、4つの戦略を紹介します。

■待つ

よちよち歩きの子どもが、ふたを開けたがっているとき、3秒後には手を出したくなりますか？　でも、**1分待ちましょう**。

膝の上に子どもを乗せて、じっと待つのです。「そうよ、左に回して開けるの。あらら、左に引っ張って右に引っ張ったら、フタは開かないわよね？」などと声かけをしても。

もう少しでできそうなら「がんばって！」と励まし、**あきらめそうになったのを見計らって、「手伝ってほしい？」とたずねます**。

子どもの手に手を重ねてひねり、フタをねじ開ける感覚を教えましょう。

■言うだけではなく、見せる

3歳児がコートを着たがらないときは、「お外の天気はどうかな？」と一緒に玄関を出てみます。「ブルブル！　寒いわね。暖かく過ごせるように、コートを着ましょうね」

■「不愉快な感情」を受け入れる

楽しい感情だけでなく、ばつが悪い、恥ずかしい、申し訳ない、悔しいといった、**不愉快な感情をしっかりと認識し、そう感じたときに口に出して言うこと**は、思いのほか大切です。

子どもにも、不愉快な感情を打ち消すのではなく、きちんと感じさせること。苦しい感情から子どもを守ろうとあせらずに、どうしたらそこから抜け出して過去のものにできるのかを話し合いましょう。

■「フリータイム」を確保する

一日のスケジュールを詰め込んだり、スクリーンを視聴する時間を与えすぎたりすると、子どもたちは退屈する余裕がなく、暇つぶしの工夫を学習できなくなります。**つねに忙しい子どもは、始めは閉塞感、次第にいらだちを感じます。**自力で時間をつぶすことを学んでいないので、親を頼るようになります。

退屈は、心もとなくいらいらした状態です。脳は、そこから抜け出たがり、空想したり想像したり、問題や計画について深く考えたり、と、建設的にできることを探します。

だから研究者は**「退屈は、学習と創造を生み出す」**と言うのです。

今度子どもが退屈を訴えたら、「そうなのね。ママはいま、本を読んでいるの。○○ちゃんは何をするかな?」と言ってみては。

CHAPTER 6

しつけ

叱るより、ルールで「スキル」を身につける

「しつけ（ディシプリン）」という言葉は、
もともと「教育」と「学習」を意味する言葉に由来しています。
最高の教師は「厳しさ」と「優しさ」を兼ね備えています。
子どもに一生使えるスキルを教えるのが、親の役目です。
たとえば、上手なコミュニケーションや思いやり、他人に敬意を払うこと。
「言われた通りにやりなさい」は、しつけではありません。

40

最も効果的なしつけは、「きっぱり」かつ「温かく」

――子育ては「民主型」を目標にする

親の子育てスタイルが、一生を左右する

次のような子どもに育ちやすい子育てスタイルがあります。

- 自立心が強い
- 自信がある
- 社会的能力が高い
- 不安が少ない
- 落ち込みにくい

こういった子どもの親は、子どもの要求に上手に応じて協力的であり、厳しくも敬意を

もって親のルールを守らせます。カリフォルニア大学バークレー校の研究者ダイアナ・バウムリンドは、**この子育てスタイルを「民主型」と呼びます。**

1980年代半ば以降、数々の研究によって、**子育てスタイルと子どもの社会行動に強い相関関係がある**ことが証明されてきました。

子育てのスタイルが、子どもの未来の姿を保証するわけではありません。親が子どもに与える影響には限りがあります。他に「遺伝子」「友人」「文化」「親以外の大人（シッター、教師、祖父母、コーチ）」という要因があり、**親から受ける影響は20〜50パーセント**と言われています。

でも、できる限りのことはしたいですよね？

4つの「子育てスタイル」

■独裁・支配型の親

厳しくて、温かみがない。

厳格なルールを持ち、説明なしに命令に従うことを子どもに期待する。

子どもは概して行儀がよいが、「自制心」という極めて重要なスキルの発達が遅れる。また、善悪の判断基準が、内在する規範ではなく処罰の脅威という外部からの制圧によるため、道徳の判断力が劣る。

〈「独裁・支配型の親」の声のかけ方〉

「こら！　列に割り込まないで！　どきなさい、あの子を先に通して」

「さあ、帰るわよ」。それでも遊んでいたら、抱っこして立ち去る。

「止まって、脱げた靴を履きなさい」

「そこまでにしなさい。いますぐ謝りなさい。今度やったら、後悔するよ」

「座りなさい」

「まだお腹が空いてるの？　残念だけど、おやつは食べたでしょ。1つだけというルールよ」

■民主型の親

厳しくて温かい。関わりを持ち、反応が良く、高い期待をする。意識的に独立心と自己主張を育む。ルールをつくるときは子どもを話し合いの輪に入れ、ルールを破ったらどうなるかを明示する。**罰するのではなく教えることでしつけをする。**

〈「民主型の親」の声のかけ方〉

「○○ちゃん、順番を待とうね」

「あと5分で帰るわよ」「あと1回すべり台をすべったら、コートを着なさい」。それでも遊んでいたら、抱っこして立ち去る。

「えらいわ、よく考えたわね！　靴が脱げたのに、工夫してお山に登れたね」

「怒ったときに、人を叩かないのよ。他にどうすればよかったかな？　叩くなら、もうここにはいられないよ」

「ベビーカーでは座っていてね。○○ちゃんが落っこちてケガをしたら、ママは悲しいわ」

「まだお腹が空いているのね？　ぶどうか、チーズを1つ食べてもいいわよ」

■消極・受け身型の親

温かいが厳しくない。子煩悩《こぼんのう》で親子の会話が多いが、甘やかす。対立を避けたがり、規律を嫌がるので、親のルールを施行しない。

子どもは自己評価が高いが衝動的で、ドラッグやアルコール依存症になりやすく、学校でトラブルに巻き込まれやすい。

〈「消極・受け身型の親」の声のかけ方〉

子どもの割り込みを見ているだけ。相手の親に、薄笑いをうかべて謝る。

「さあ、帰る時間よ、いいわね？」。それでまだ遊んでいても、親は座ったまま。

「脱げた靴、履きなおしたほうがいいんじゃない？」

「今度叩いたら、もう帰るわよ。ママはいまなんて言った？　もうやらないで。帰りたいの？　叩かないで、ってお願いしたよね。やめなさい。帰りたいの？　今度叩いたら帰るわよ」

「座ってちょうだい。座ったほうがいいわよ。まあ、少しだけなら立ってもいいかな」

「まだお腹が空いているのね？　わかったわ、なんでも好きなものを食べなさい」

無関心な親

厳しくも温かくもない。

子どもに最低限のものは与えるが、それ以外は関わらない。**こういった親に育てられた子どもは非行に走りやすい**。

自分の「子育てスタイル」を決める

子育てスタイルに影響を与えるのは、子どもの気質、親の気質、親が受けてきた子育て、周囲の親の子育てなどです。ベッドタイムに、子どもがベッドから抜け出そうとする回数も。

独裁・支配型の子育ては、脅したり叩いたりして言うことを聞かせるので、ある意味「ラク」です。

民主型は、時間がかかり、労力も忍耐力も必要です。だから、失敗を覚悟して次回もトライする、ぐらいの気持ちで挑戦しましょう。**親が短気な性格だったり、お手本となる民主型の親が周囲にいない場合は難しい**かもしれません。

場当たり的に対応するよりも、子育てのスタイルを決めておくと、やりやすいです。私は毎日、微調整をしています。最終的には親の選択にかかっています。カウンセラーや子育てコーチ、パパママ教室のサポートを得るのもよいでしょう。

子どもの気質に合ったスタイルを選ぶ

民主型を目標にしつつも、あくまで基準のひとつと考えて、柔軟に対応しましょう。民主型は、大胆で自己主張ができる協力的な子どもに効き目があります。

衝動的または反抗的な子どもには、暴力や攻撃的な人間関係を防ぐために、制限を設けて厳しく（独裁・支配型寄りで）しつけます。

内気、心配性、怖がりの子どもは、消極・受け身型に近づけて、優しく導く必要があります。

41 子どもに「ルール」を宣言する

――親のルールがブレているから子どもが混乱する

子どもには「していいこと」「いけないこと」の境界線＝ルールが必要です。
効果的な家族のルールをつくるために、次の4つのガイドラインが役に立ちます。

①明確で「ブレないルール」をつくる

長期にわたって効果を発揮させるために、「ブレないルール」をつくるのが必須です。なぜならこのルールは、何度もくり返し使うことになるからです。

絶対にブレないルールは、たとえば、「ストーブにさわらない」。よちよち歩きの娘がストーブに近づくたびに、ただちに差し迫った声でルールを告げます。

ルールによっては、ときどきブレそうになります。
娘はダイニングテーブルにのぼるのが好きです。娘はルールを知っていて、片足をかけながら首を振って、「テーブルにのぼるのはダメ」と自分で言います。

毎回すぐに止めたほうがはるかに効果的なのに、私はときどき、止めようとしつつも、テーブルの上でかわいいタップダンスを踊る娘にほほえんでしまいます。

20個のルールを同時に施行するよりも、**重要な2、3個のルールを決めて、それについては絶対にブレない、としたほうがラク**です。

親のルール適用がブレてしまうと、子どものほうが、本当に守るべき決まりなのかがわからなくなり混乱します。

親には練習するチャンスが山ほどあります。**子どもは何度もルールを試そうとする**からです。子どもは何度も試すことで、そのルールが「なぜ」重要なのかを学び、自主的に行動できる限界を知り、親の反応をうかがい、ときには、親の笑いを引き出します。

②ルールの「理由」を説明する

理由を説明する1文を付け加えるだけで、子どもがルールに従うことがはるかに増えます。

「網戸を閉めてちょうだい」

「網戸を閉めてちょうだい。猫が逃げてしまったら、悲しいわよね」

後者のほうが、はるかに納得しやすいはずです。

仮に子どもが従わなくても、理由を聞いていれば、子どもは結果を介してルールを学びます。「それはすべきではない。なぜなら○○（親が与えた理由）だからだ」

この思考プロセスをくり返すうちに、子どもは自分の価値観にルールを組み込むようになります。他のことにもルールの適用を考えるようになり、ついには誰も見ていなくてもルールを守れるようになるのです。

ルールの理由を聞かされない子どもは、1つの結論しか導き出せません。「私はそれをすべきではない。なぜなら、まずいことになるからだ」

この場合、**子どもの行動が、自身の「道徳心」ではなく「外からの罰」という脅威に導かれることになります**。

道徳心（善悪の判断に使う個人的な信条）は、子どもが大きくなるにつれ、世渡りの重要なツールになってくれます。

いますぐやってみて！

親であるあなたがブレていませんか？　一歩引いて子どもの目線に立ち、あなたの言葉だけでなく行動から、子どもがどんなメッセージを受けているかを考えてみましょう。

③ルールを「守る」のを手伝う

子どもは、しょっちゅう忘れたり、気を取られたり、間違えたりします。親の期待や約束事を子どもに念押しすることで、**「批判的思考」に対処し「自制心」を育むチャンスを与えることができます。**

■子どもに「念押し」する

「テレビを消す」「お友だちを叩く」「買い物のときにごねる」など、ルールが守られにくい場面の直前に、子どもに念を押します。

「お店でおもちゃがほしくなったとき、どんなルールがあった？　ルールを破ったらどうなるんだっけ？」

■悪い行動をしなかったことを「ほめる」

「上手に遊んでいるわね。素晴らしいわ」

「じっと座っていてくれてありがとう。がんばってるわね」

■ルールが破られそうな気配があれば「再び念押し」をする

「どんな約束だった？」

「いまは、どうすればいいのかな？」

「テレビを消してくれるかな？　ママに消してほしい？」

■効果がないときは、きっぱりと「決めた行動」をする

「ルールは知ってるわね。じゃあ、お店を出るわよ。次に来るときは、違った行動ができるといいわね」

④ルールを「一緒」につくる

一挙一動を指図して人の意見に耳をかさない、という上司はいませんか? ぞっとしますよね。恨《うら》みがつのって、反抗したくなります。しかも「勝者と敗者」的な構図ができあがってしまいます。

そんな〝上司〟にはならないでください。子どもを「ルールづくり」に参加させましょう。**ルールをつくるのは、ルール破りの最中ではなく、親も子も穏やかな気持ちのときにすること**。

ルールづくりのプロセスに参加することで、子どもは尊重され、大切にされ、公平に扱われていると感じます。子どもの名案に驚かされるかもしれません。チームを組んで協力しましょう!

■「話し合いの時間」を設定する

たとえば、子どもが親の希望よりも多くの時間をテレビの前で過ごしているとします。子どもにはそれを伝えてから「夕食のときにテレビの時間のルールづくりを話し合いましょう」と伝えます。

■「問題点」をまとめる

子どもと一緒に、毎日しなくてはいけないことをリストにします――宿題、夕食、遊び、本読み、就寝。「じゃあ、テレビを観る時間が一日30分あるわね」。子どもの意見を聞きましょう。「他に毎日時間を取りたい大切なことはあるかな？」

■自由にしてよい部分については「意見」を聞く

「30分テレビを観るのは、いつにする？　夕食の前、それとも後？」

「ママがお願いしてもテレビを消さなかったら、どうする？　ママがいちいち言わなくてもいいように、どんな工夫ができる？」

■決めたルールを「発表」する

「宿題をした後に30分テレビを観ていいことにしましょう。タイマーが鳴ってもテレビを消さなかったら、その分翌日のテレビ時間が減るわよ」

42

子どもが何を言っても聞かないときは？

――まずは自分の感情を理解できるように

「フタが外れている」ときに注意してもムダ

友人の2歳の男の子を一晩預かったときのこと。

「ママがいい。パパがいい」と、泣いて泣いて……。

夫と私は気を紛《まぎ》らわせようと、読み聞かせをし、歌をうたい、食べ物を与え、抱きしめ、散歩をし、「パパとママはコンサートに行ってるけれど、明日帰ってくるのよ、約束だから」と理にかなった説明をしたけれど……どれも効果なし。

後になってから、**私たちの声は届いていなかった**ことを知りました。

UCLAの精神医学教授ダン・シーゲル博士の言葉を借りると、その子は「フタが外れてしまっていた（我を忘れていた）」のです。

激しい感情が理性をシャットダウンする仕組みについて、シーゲル博士は「手」を使ってわかりやすく解説しています。

■①片手を広げる

脳の反応を手で表してみましょう。

■②親指を手のひらに押しつける

親指は「大脳辺縁系」、情動を表出する古い領域の脳。これが「脳幹」（手のひら）と呼応して、心拍数や血圧などに関わるシグナルを体に送ります。

■③4本の指で親指をくるむ

4本の指は「大脳皮質」。思考、推論、共感、自己理解、洞察、バランスをつかさどっています。指先は「前頭前皮質」。大脳辺縁系を覆う「フタ」の役割で、感情をつねにチェックしています。

■④4本の指を親指から放す

これが前頭前皮質の制御が外れた状態。感情的になり、大脳辺縁系が非常に強くくり返し興奮するため、前頭前皮質のコントロールが利かなくなります。もはや理屈や共感が通じなくなる、「フタが外れた」状態です。

感情が高ぶっている人に何を言ってもムダなのは、そういうわけです。あの夜の2歳児が、まさにこの状況でした。

夫も私も感情のコーチングの知識はあるのに、いらだちがつのるあまり、すっかり忘れていました。私たちも「フタが外れてしまっていた」のです。

「感情的になりそうな自分」を意識する

脳内で何が起きているかを視覚化できたところで、「気づく」練習を始めましょう。

「自分のフタが外れそう。フタが外れた。休んで頭を冷やさなきゃ」。**自分の感情に気づけるようになると、子どものかんしゃくにも対応しやすくなります。**

子育てコーチのサリーナ・ナトキンは言います。

「親はつい、子どもに『いますぐ』学習させなければ、と思ってしまいがちです」

でも、**フタが外れている幼い子どもは、何ひとつ学習することができません。**

だから、激しく感情的になっているときには、以下の2つのステップを踏むのが生産的な対処法です。

①感情を「認識」する

激しい感情に名前をつけて（次項を参照）、共感する。

②起きている問題に「対処」する（257ページ参照）

いますぐやってみて！

5歳の子どもに、手を使って脳内を説明してみて。フタが外れそうなときに教えてくれるかもしれません（ママのフタも）。

43

感情に「名前」をつける
――激しい感情を飼いならす練習をする

感情を「言葉」にすれば落ち着ける

脳イメージングの研究から、激しい感情に名前をつけて口に出すことで、気持ちが鎮《しず》まることがわかっています。**「飼いならすには名前をつけろ」**とは、UCLAで精神医学を研究するダン・シーゲル教授の言葉です。

前項でふれた、友人の2歳児を預かったときの話。

子どもが「家に帰りたい」と泣き出したとき、夫と私はあらゆることを試しました。でも、**なだめるために本当にすべきだったのは、感情に直接触れて共感すること**だったのです。

「ママとパパに会いたいわね。いまはすごく悲しいわよね。そうよね、わかるわ、いい気分じゃないのよね」と言って、壁に飾った友人夫婦の写真を指差して、**帰ってくるところを想像させればよかった**のです。

「ママとパパが、もうすぐぎゅうっと抱きしめてくれるわよ。すっごくいい気持ちになるわよ」

2度目に預かったときは、ママとパパが恋しくて泣いた男の子を、ただ黙って抱きしめて、揺らしたり背中をポンポンと叩いたりしました。男の子は、感情を自分では口に出して説明しなかったので、私が優しく代弁してあげました。

すると**10分もたたないうちに気持ちを鎮めて、私の腕のなかで眠ってしまいました。**

子どもの感情に名前をつけて、口に出して説明してあげると、そのうち子どもも同じことを自分でできるようになります。

自分の感情に名前をつけられる子どもは、感情を振り返り、話し合い、対処法を自分で決め、他人の感情に気づき、共感できるようになります。

そういう子どもは、フラストレーションに上手に耐え、ケンカが少なくなることが、研究からわかっています。より健康で、孤独ではなく、衝動的な行動が少なく、集中力が高く、学業の成績も優秀です。

感情を「否定」してはいけない

わが子の感情に名前をつけるために、親がやるべきことが2つあります。

■①自分自身と他人の感情に気づく

日常的に、自分の感情に名前をつける練習をしましょう。「いま私は怒っている」「あのときはイライラしていた」。コツは、感情から少し距離を置いて、客観的に感情を観察すること（「私は悲しい」よりも「私は自分が悲しいことに気づいている」のように）。

■②あらゆる感情を受け入れる

先ほどの2歳児の例で、最初に取りがちな反応は「パパとママが戻ってきたら家に帰れるよ。でも、いまは楽しく遊びましょう」「もう大きいんだから泣かないで」「パパとママはいないの！　だから泣くのをやめなさい」という声かけです。

でも、**このうちのいずれも感情を認めていません。**

感情を軽んじるのは、自分の育ち方に原因があるのかもしれません。でも、子どもには継承させないように努力しましょう。感情を受け入れて口に出すのは、たとえ不愉快な作業であっても、その重要性が、数々の研究によりわかっています。

感情が生まれるのは、**脳がその出来事に「重要」とタグ付けをしている**ということです。感情は必ず「そこ」にあるもの。いくら打ち消そうとしても批判しても願っても、消え去ることはありません。

「感情に名前をつける練習」のヒント

- 登場人物が自らの感情に対処する物語を一緒に読み、後に子どもが同じ感情を体験したときに、話し合う。
- さまざまな感情が表れた写真や雑誌の切り抜きを集めておく。子どもが感情的になったとき、写真を見せて「ほら、この子、悲しいのね。泣いてるわ。〇〇ちゃんも悲しいのかな?」と語りかける。

- 嫌な出来事のあとに、ぬいぐるみを使ってそのときの状況を説明させる。
- 子どもが少し大きくなったら、一緒に「感情の温度計」をつくって、「穏やか／幸せ／イライラ／怒っている」の目盛りを入れる。興奮したときにどう感情が動きやすいかを説明する。子どもに「いまは目盛りのどのあたり？」と折りに触れてたずねると、自分で感情をチェックする練習になる。
- 「ボディチェック」をする。「背中が丸くなってこぶしを握っているわね。いま、イライラしているのね」

いまのうちに練習しましょう

なぜ、子どもが小さいうちに始めるの？　それは、**自分の感情を見つけるには練習の積み重ねが必要だから**。

仲間はずれにされたとき、初めて失恋したとき、チームの一員になれなかったとき、大学でのストレスや職場でのイライラに対処するとき……年齢が上がってリスクが高くなる前に、習得してほしいスキルです。

「ありのまま」を口に出してあげる

子どもは、大人が「ばかばかしい」と思うようなことで動揺します。だけど「そんなの大丈夫でしょ」とはねつけると、もっと興奮してしまうことも。あなただって、怒っているときにそんな反応をされたくないでしょう？

激しい感情を認めてあげると、子どもは落ち着くので、そこで「次の行動」を説明してあげればよいのです。

「怒ってるのね。靴下をはきたくないのね。『くつしたはいや！』なのね。だけど、外は寒いから、靴下をはかないとね。ママがはかせてあげましょうか？」

「イライラしてるのね。そうだよね、**ほしいものがもらえないときは、イライラするよね。**じゃあ、イチゴは持っていって、あとでおやつのときに食べようね」

親が感情に名前をつけると子どもが怒りだしたら、**今度はありのままの事実を声に出して、解決策を探りましょう。**感情の特定はその後で。

「緑のシャツを着たいのね。でも、汚れているわ。どうすればいいのか、3つ考えられるかな？　……すごくがっかりしているわね」

44

叱るのではなく「教える」
——ダメな行動を自分からやめさせるコツ

「注意」したってわからない

生まれる前は、娘のしつけは、2歳~3歳から始めるのだと思っていました。

ところが……。

娘は生後1年にならないうちに、私が「ダメ」と言ったことをするようになりました。

しかも、笑いながら。

最初に痛い目に遭ったのは、授乳のとき。新しく生えてきた歯のとがり具合を試したかったのでしょう、乳首をかじって引っ張りました。

私は泣いたふりをして「そんなことをしたら、ママが痛いわ!」と悲しい声を出したのに、娘は共感ゼロ。

私が娘の肩をかんでみたところ悲鳴を上げたので、私のほうが申し訳ない気分に。

次に「一時中断」することでダメだとわからせようと、娘をベッドに座らせて、「店じまい」をしましたが、効き目はありませんでした。

ついに私はちゃんと教えることに着手しました。

当時はベビーサインを使っていたので（77ページ参照）、娘は「そっと優しく」の意味を知っていました。手の甲をもう片方の手でなでるサインです。また、口を交互にあーんと開ける遊びをやりました。

次回は授乳の前に、（しかたなく）声かけをしました。「そっと優しくね。かんじゃだめ。飲み終わったら、お口を開けて。こんなふうに」。娘が言う通りにすると、「**ありがとう！　かわいい子。お口をあけてくれたのね。すごく優しくできたね**」とベタぼめ。娘がかんだら「一時中断」。すると効き目がありました。

「置き換え」をすると理解できる

このように、悪い行動を「注意する」だけでは不十分なのです。「**望ましい行動への置**

き換え」をする必要があります。

1歳8か月になったとき、娘が私を叩くようになりました。私はとっさに、裏切られた気持ちで手首をつかみ、「叩いちゃだめよ！」と命令しました。すると娘はまた叩きました。

効き目がある叱り方は**「人を叩いてはいけないのよ。枕は叩いてもいいわ。でも、人はダメよ」**と言うか、娘の腕をなでて「手は優しくさわるためにあるのよ」と諭《さと》すこと。

すると娘は言われた通りのことをします。

私の腕をなでてくれたら「まあ！　ありがとう！」と言って、「ママはマッサージが大好きなのよ！」と付け足します。

「罰」を与えるのは効果なし！

しつけはもちろん、やっていいことといけないことを子どもに教えるため。

昔は「罰を与える」のが最も効果的だと考えられていました。親が大声を出したり、説教したり、叩いたり、命令したり、脅しをかけたりすると、子どもは親の言う通りにすることでしょう……一時的には。

でも、**罰を与えて言うことをきかせると、「強い感情を無理やり抑え込ませる」「非礼なやりとりをする」「力で問題を解決する」といったお手本を見せることになります。**

大半の親が子どもに教えたいことは、その逆のはずです。

「衝動をコントロール」し、「他人を尊重」し、「人を傷つけずに問題を解決する」ことを、子どもには学んでほしいものです。

「民主型」の親は、すみやかにきっぱりと、かつ穏やかに、悪い行動が招く結果を提示します。**問題が起きたときは、罰を与える機会ではなく、問題解決を学ばせるチャンス**と捉えます。

この観点からしつけを行うと、子どもは以下のように育つ傾向があります。

- 「コミュニケーション能力」「自制心」「問題解決能力」という、成功する人生に欠かせないスキルを学ぶ。
- 「感情」はコントロールできなくても、「行動」はコントロールできることを理解する。

- 「権力争い」を避けるようになる。

「関係のない罰」を与えてはいけない

「罰（パニッシュメント）」というしつけの仕方と、「因果（コンシクエンス）」と呼ばれる方法があります。この違い、わかりますか？

私も整理するのに少し時間がかかりました。

「罰」とは、権力を行使して、相手を辱《はずかし》めたり苦痛を与えたりすること。悪い行動と直接関連していない場合が多い（「妹を叩いたらデザートを取り上げる」など）。根底にある考え方は、「子どもは、従ったときだけ尊重すべきであり、罰を恐れることでしか行動を改善させられない」というもの。

「因果」は、子どもの自制心の育成やルールの理解に重きを置き、子どもを尊重した方法です。

因果によって与えるしつけは、悪い行動に直接関連しています（「デザートのスプーンを妹に投げたら、デザートを取り上げる」など）。根底にあるのは、「子どもは反省と訓練により成長する」という信念。

次の例は、①が「罰」で、②が「因果」です。

①「おもちゃを投げちゃだめ。見てごらん、こんなになって！　部屋に行って反省しなさい。ママがいいと言うまで出てこないで」

②「おもちゃを投げると、壊れちゃうわよ。おもちゃを投げるなら、そのおもちゃで遊んではいけません。そのおもちゃは15分さわらないで」

「罰」はしつけとしての効果が薄いことが、さまざまな研究からわかっています。以下がその理由です。

- 恥をかいた人は、個人的な責任を取らない傾向が強まる。
- 恥は怒りを呼びやすい。
- 悪い行動に直接関連していない罰は、子どもの道徳観の発育にあまり効果がない。

子どもがすんなりルールに従わないのはなぜ？

子どもは時期が来れば、叩いたり突き飛ばしたり人のおもちゃを取ったりしてはいけないと悟ります。

親がたずねれば「悪いこと」と答えるのに、その場の勢いで叩いてしまうのは、知識が体に浸透していないから。**知識が習慣になるためには「くり返す」しかない**のです。

知識として得たものをくり返して行動することで、論理的思考をつかさどる前頭前皮質から、反射的な行動をつかさどる皮質下へと伝わるのです。

子どもは「行動をくり返す」必要があります。

だから、**お説教をしても効果が薄い**のです（「何度同じことを言えばわかるの……」）。お説教をするよりも、新しいスキルを訓練させましょう。

望ましい行動の手本を見せるか、ヒントやうながしを与えるのです。これが「足場がけ」と呼ばれる、自力で課題を解決するためのサポートです。ある小学校では話を聞く時間に耳の絵を描かせ、話す時間に口の絵を描かせるという取り組みがされています。「**少**

しの共感」と「多くの訓練」は、必ず役に立ちます。

「チョイスの円」を描いてみる

子どもが怒ったり感情をあらわにしたときは**「感情は選べないけれど、行動は選べる」**と理解させるお手伝いをしたいもの。

インターネットで「Wheel of Choice」と検索してみてください。

いくつか画像が見つかると思いますが、そのイラストのように、円をいくつかに分けて行動のイラストを描いてみましょう（ジェーン・ネルセン他著『クラス会議で子どもが変わる』コスモス・ライブラリー参照）。

円に描くのは、たとえば「相手に『やめて』と言う」「10まで数える」「自分の気持ちを相手に伝える」「その場から立ち去る」「家族会議にかける」「謝る」など。

子どもが興奮したときに、「どれを使いたい？」と選ばせましょう。

「罰する」のではなく「教える」コツ

■子どもが人を叩いたときは？

子どもの目線までかがみ、目を見て、やさしく断固とした声で「叩くのはいけないことよ。人を傷つけるから」と言う。**長々と説教しない**。

「お友だちはいま、どんな気持ちかな？」とたずねる。子どもが答えなければ、叩かれた相手にたずねるか、あなたが見た状況を説明する。

「悪い行動」を「良い行動」に置き換えて説明する。「人を叩くのはよくないけれど、○○するのはいいわよ」「あなたに叩かれて、ママはすごく腹が立ったわ。他の方法を使って怒っている気持ちを伝えるには、どうすればいいかな？　一緒に考えようね」

「もう一度誰かを叩いたら、帰るわよ」と**ルールを持ち出す**。

次にお友だちを叩いたら、ただちにその場から去る（子どもがかんしゃくを起こしても、親はできるだけ冷静に）。「わかった。ケガをしたら大変だから、すぐに帰りましょうね」

落ち着いている時間を使って、「お友だちを叩いたら帰る」とルールを決め、子どもにしっかり把握《はあく》させる（229ページ参照）。叩いた原因を突き止めて、他の方法で気持ちを伝えるにはどうすればよかったかを話し合う。

（"Help! My Preschooler is Hitting!" growparenting.com より）

■子どもが口答えしたときは？

意地悪ではない口調で毅然《きぜん》と考えを話してから、前に進みましょう。

「ママは、そういう話し方が好きじゃないの。わが家では、お互いに優しい言葉を使いましょうね」

「そんなふうに呼ばれるのは、ママはいやだわ。ママに腹を立ててもいいけれど、名前の呼び捨てをしてはダメよ」

「そんな意地悪をするなら、このゲームはやめましょう。いやな気持ちになるの。別の場所で違うことをしましょう」

「乱暴な言い方はやめて。ママは乱暴な言葉づかいで話していないでしょう」

（最後の3つの例は "What Should I Do If My Child Talks Back?" parents.com より）

■きょうだいがケンカをしたときは？

ある男の子のママは、兄弟を向かい合わせにして腕をクロスさせた状態で互いの手を握らせ、スクワットさせながら、「僕は君のせいで困っている。きみは僕のせいで困っている」と唱えさせるそうです。最後には息子たちが笑って抱き合うのだとか。素敵ですね。

253ページで触れた「チョイスの円」を応用するのもよいでしょう。

45
罰するより「結果」を想像させる
――正しく「痛い目」に遭うと学習できる

「場当たり的」に怒ると、自分に跳ね返ってくる

「いますぐ引き返すわよ！　家に帰るわよ、いいわね！」
「もうわかった。1週間テレビは禁止！」
「親友のお誕生日パーティには行かなくていいのね！」
……あらあら。

悪い行動に**場当たり的に罰をくり出すと、自分にも跳ね返ってきませんか？**

今日の午後は怒った子どもにかかりきりで、雑誌をめくる時間なんてなくなるかもしれません。脅し文句通りにするのがいやだからといって、言葉を撤回《てっかい》するわけにもいきません。

もっと思慮深く対応しましょう。

次の2つのアドバイスを参考にしてください。

①「論理的」になる

悪い行動に直接関連したしつけをしましょう。

たとえば子どもがおもちゃを投げたときに、罰として明日の遊びの約束をキャンセルさせるのではなく、**15分間おもちゃを取り上げるのが論理的なしつけ**です。

また、子どもが夕食のときにイスをゆすっていたら、罰として早く寝させるのではなく、イスを取り上げて立ったまま食事をさせるのが論理的なしつけです。

子どもは、非論理的な結果よりも論理的な結果から学習します。

論理的なしつけには3つのタイプがあり、それぞれが効果を発揮できる状況があります。

■壊した人が「修復」する

〈(意図的かどうかにかかわらず)子どもが何かを壊したり、こぼしたりしたとき〉

子どもに、起きた問題の解決をさせる。「こぼしたものを拭《ふ》く」「壊したタワーをお友だちがつくり直すのを手伝う」「痛がっている子どもをなぐさめる」など。

■「特権」を取り上げる

〈子どもがルールを忘れたり、無視したりしたとき〉

悪い行動に直接関連した「特権」をひとつ取り上げる。子どもが部屋の一部しか片付けなかったときは「床にあるおもちゃをすべて引き上げて、一日使わせない」。本に落書きをしたら「クレヨンを取り上げる」など。

■一息置いて「落ち着かせる」

〈子どもが暴れてしまい、自制心を取り戻す必要があるとき〉

271ページを参考に具体的な方法を取ってください。

②「自然の成り行き」に学ばせる

「自然の成り行き」とは、**子どもが自分のしたことで、（親が手を出すまでもなく）何らかの結果を受けること。**

たとえば、「雨が降り出したので『自転車を屋根の下に入れなさい』と言われたのにそうしなかったら、自転車が濡れてしまった」「お友だちを叩いたら、その子がもう遊んでくれなくなった」「レストランで騒いだら、家族全員が恥ずかしい思いをして、周囲の人にじろりとにらまれた」など。

「自然の成り行き」は、**親が教訓に関与しないほうが効果を発揮します**。「だから言ったでしょ」とお説教をしたり、お弁当をまた忘れたからといって届けてあげたりしてはいけません。

ただし、**共感して支えになってあげましょう**（「あなたなら自分で何とかできるわよね」「お腹が空いてつらかったわね」）。

以下のときは「自然の成り行き」を使わないほうがよいでしょう。

- 子どもが結果を気にしない場合（例：手袋を嫌がるけれど、手が冷たくなっても気にしない）
- 結果が出るのがずいぶん先になる場合（例：歯を磨かないと虫歯になる）
- 子どもの「身の安全」に関わる場合

いますぐやってみて!

ちょっとした悪いことは、行動がエスカレートする前にすみやかに対処すれば、子どもを引き戻すことができるかもしれません。たとえば……

- 小さないたずらは無視。反応せず、目を合わせない。
- じろりとにらむ。
- 身振りで示す(「シーッ」)。
- 威厳ある口調で名前を呼ぶ。
- 子どもに近づいて、気づいていることをアピールする。
- ルールを告げる。「いまは何をしなきゃいけないの?」「絵の具を使うときのお約束は?」

46

最初から「ダメなこと」をしないようにしてあげる

——悪い子が悪いことをするのではなく、親の準備が足りないだけ

子どもに「選択肢」を与えよう

■「子どもが失敗しない環境」をつくる

疲れているとき、お腹が空いているとき、不機嫌なとき、子どもは行儀が悪くなります。

子どもの「睡眠」と「運動」を十分に確保しましょう。

外出するときは、おやつ持参で。お昼寝時間の直前に買い物に出かけない。ゆっくり買い物をしたいときは（たまにはストレス解消!）、子どもが走り回れる場所で休憩するプランを立てる。片付けてさっと帰れるように、切り替えがスムースにいく工夫をする（例：「おもちゃさん、バイバイ」と言う）。

■「笑顔」「ハグ」「チョイス」を与える

大人だっていちいち指図されたくないのと同じで、子どもは自分で自分の行動をコントロールしたがります。それでいて、親からの注目も集めたいもの。

「注目とコントロール感」をポジティブなかたちで与えてあげると、子どもがこれらをネガティブなかたちで獲得しようという試みが減ります。

1日に1回は、「子どもを見守るためだけに存在する時間」をつくりましょう。ウィンクや笑顔やハグで「注目タイム」をつくり、良い行いに気づいてほめてあげます。

また、**「日々の小さな選択」を子どもに任せましょう。**

どのシャツを着るか、どっちのカップを使うか、どの絵本を読むか。選ぶことがとくにない場合は、つくってあげましょう。「自分で靴をはきたい？　ママがお手伝いしましょうか？」

■「これからの予定」を子どもに説明する

これからの予定を子どもに説明するのは、非常に効果的です。

「いまからおまるに座るわよ。それからブロックで遊びましょう。おまる、「ブロックよ」」

「これが、寝る前に読む最後の1冊よ。これを読んだら、おやすみなさいを言って、ママは部屋から出るわね。……はい、おしまい。じゃあママは部屋を出てドアを閉めるわよ。おやすみなさい、かわいい子」

■「ダメ」の代わりに「いいよ」と返事をする

「いいわね、○○したら楽しいでしょうね」「そうね、○○したいわ」「いいよ、○○のあとに××をしよう」「もちろんいいよ、明日やろう」

■さきに「作戦」を考える

子どもの悪い行動に直面して、とっさに理想的な反応ができないこともあるでしょう。でも、あとで落ち着いてから時間をつくって、**次回は良い反応ができるように作戦を練りましょう**。一度は計画通りに行かなくても、だいじょうぶ。実践するチャンスはいくらでもあります。

■親も「タイム」を取る

自分がカッカしていることに気づいたら、その状況から距離を置くために深呼吸。冷静になってから再開しましょう。

■「他人の行動はコントロールできない」と心得る

「他人の行動はコントロールできない」と考えることで、イライラが軽減できます。

新生児は素直で愛らしいので、よちよち歩きになったわが子が「イヤ！　いらない！」と言い始めると、親は面くらってしまうもの。

でも、**子どもを言いなりにはできません**。親に頼まれたからといって、子どもはなんでもするわけではないのです。だから、子どもに帽子をかぶせられなくても、おまるに座らせられなくても、夕食をもっと食べさせられなくても、ピリピリするのはやめましょう。

親にできるのは「してほしいという希望を告げること」と、「従わなかったらどうなるかを説明すること」だけ。

「そんな音を立てたら、階下に住んでいる人が迷惑するわ。おもちゃで床を叩くのをやめなさい。そうしないと取り上げるわよ」

「3つ数えるあいだにテーブルから降りなさい。さもないと、ママが抱っこで降ろすわよ」

「おまるはこれが最後のチャンスよ。今度立ち上がったら、オムツにするからね」

■「長い目」で見る

子どもが1回で学習できたらどんなにいいか！　でも、**親には子どもに教える時間が、少なくとも20年はあります**。20歳を過ぎてもまだ脳は進化しています。

子どもが部屋の掃除を10回しなくたって、「今日はママもあなたもくたびれたわね。明日話し合って、お部屋をきれいに保つ作戦を立てましょう」と言ってもいいんです。

夕食をさっさと食べさせるには？

娘が突然、食事のときに自分のイスに座るのをいやがるようになりました。親のひざに座ってひと口食べ、遊びたがる。夫と私は、食べ物を載せたフォークを片手に娘を追い回すはめに。

ある作戦を思いつきました。**娘をイスに座らせる前に、親が先に着席して食べ始める**のです。娘が近づいてひざに座ろうとしたら、こう言います。

「夕食のとき、ママは自分のイスに座るわ。パパはパパのイスに座る。あなたも自分のイスに座るのよ」

娘がいやがっても、この言葉をくり返して、食事を再開。すぐに娘はイスによじのぼりました。

このやりとりを1～2週間続けたところ、娘は自分のイスに座るようになりました。そして驚いたことに、数週間後のある日、娘はキッチンから自分の皿を受け取ってダイニングテーブルに置くと、イスを自分で移動させてよじのぼり、ベルトを締めて、「夕食の時間ですよ」と告げたのです――親が着席する前に。

47

毎日のルーティンで「自分から動く力」を伸ばす

——決まった時間に決まったことをする

ルーティンが「独立心」や「自制心」を育てる

夫は毎朝同じ時間に起き、ジョギング用ベビーカー（ジョギングストローラー）を押しながらいつものルートを走り、娘に朝食のオートミールを食べさせ、ハムサンドイッチのランチをつくります。

私のほうは、就寝時刻は午後10時だったり午前2時だったり、プロジェクトを完成させるためにランチ抜きだったり。

でも、赤ちゃんには定期的なお世話が必要なので、がんばって**食事やお昼寝を決まった時間にさせています**。毎週、ベビーシッターが同じ曜日に来てくれ、娘は毎晩だいたい同じ時間にベッドに入ります。

研究データからも、このやり方が正しいことがわかります。**ルーティンは子どもを助け**

るのです。

- 未来の計画をし、予測を立てることが、「実行機能」の発育をうながす。
- くり返し練習した後にタスクができることで、「独立心」が芽生える。
- 「自制心」を鍛える練習になる。

幼い子どもにとって、ルーティンとは、決まった時間に食事、昼寝、就寝をくり返し行うことです。3歳を過ぎたら、子どもが自分でつくったルーティンに従うように、親が手伝ってあげましょう。**手始めにチェックリストをつくるのがお勧めです。**

チェックリストをつくる

子どもが園や学校に行く前にすることを書いた**「朝のチェックリスト」を子どもと一緒につくりましょう。**文字でもイラストでもOKです。

項目は7つまでに。3歳なら2、3個（「トイレ」「朝食」「着替え」など）、5歳ならもう少し増やして、「着替え」「ベッドを整える」「朝食」「歯磨き」「靴を履く」「コートを着る」「かばんの支度」など。

「外でお散歩するときに、何がいるかな？」などと質問して、子どもにモノの名前を言わせるとよいでしょう。

こうしておくと、**朝のルーティンのあいだに子どもが他のことを始めたら、「リストをチェック！」とうながすだけでOK。**

「歯磨きはしたの？　10分前にも言ったでしょ、歯磨きしなさいって！　靴はどこ？」と怒鳴る代わりに、**「いまは何をする時間かな？　リストをチェックして」**と言えばよいのです。

2、3週間練習すれば、子どもは自分でリストをチェックするようになります。これで親は朝の時間をぐっと穏やかに過ごせるようになります。

48

カームダウンで「自分の律し方」を覚えさせる

——親が頭にきている状態では、教育効果はゼロ

本当に効果的な叱り方には、コツがあります

たいていの親は子どもが悪いことをしたら、脅して説教をし、また脅し、ついには子どもを部屋に押し込み、ぷりぷりしながら数回それをくり返し、隔離《かくり》した場所で遊んでいたら「静かにしなさい！」と怒鳴り、泣いていたら心配して、子どもに「ごめんなさい」を言わせ、説教をして締めくくります。

言い換えれば、**大量に「目をかけている」**のです。

本当に効果がある方法は、**子どもの悪い行動に対して一時的に「注目するのをやめる」こと**です。

親のほうからこう切り出しましょう。

「ママは、ちょっと頭を冷やしたいの。部屋に行って本を読んでくるわ」

「ちょっと頭を冷やそうか。ママは深呼吸するね」

「この話は、2人とも頭を冷やして落ち着いてからにしましょう」


カームダウン（頭を冷やすこと）は、勢いにまかせた破壊的な行動を止めるポジティブな方法です。**目的は、子どもと親が一時停止して自制心を取り戻すこと**です。

「カッカする前」にやっておくべきこと

■子どもを「カームダウン」させる手段を考える

頭を冷やすとき、子どもは何をすべきでしょう。「反省する」のは、感情が高ぶっているときには、絶対に無理。それよりも、**普段はこれをやると静かにしている、という作業をさせるべきです。**

■親子で「アイデア」を出す

たとえば「深呼吸する」（2歳半～3歳ごろから）。「枕をパンチする」「その場でジャンプする」「粘土をこねる」「抱きしめてもらう」「本を見る」「静かな音楽を聴く」「お絵かき」「くるくる回る」「腹筋」「スクワット」「窓の外を眺める」など、効果的な気晴らしを考えましょう。

■「チョイスの円」をつくる

ひとつの円を分割し、それぞれのコマにイラストや写真をつけます。子育てコーチのサリーナ・ナトキンのお勧めは、演技をして子どもに意味をわからせること。親が怒ったふりをして、「チョイスの円」から取るべき行動を選ばせると、子どもは楽しんでやります（253ページ参照）。

■頭を冷やす「場所」を決める

部屋の隅でも、子ども部屋の一角でもOK。それ以外の時間にも子どもが行きたがるような、居心地のよい空間にしましょう。

「カームダウン」に入るときのコツ

■ ①会話は短く穏やかに

脅したりけなしたりせずに、「はい、じゃあ頭を冷やしましょうね」と、淡々とした口調で。

子どもを部屋に閉じ込めたりする必要はありません（**大切なのは、悪い行動に気づかせることであり、子どもをこらしめることではありません**）。

声かけとしては、「落ち着くまで、ママの隣に座りましょうか？」「頭を冷やすスペースに行きたい？　それともママが行きましょうか？」。

子どもがどうしたいかを決めないときは、親のほうから「ママは頭を冷やすスペースに行くわね」と告げます。「○○ちゃんのことは愛してるわ。でも、いまはその話ができないぐらいカッカしているの」

状況次第では、無言になりましょう。

子どもに「グズグズ言ったら無視するよ」と伝えてあるなら、グズグズを一切無視する。

「後部座席でケンカを始めたら車を止める」と伝えてあるなら、無言で車を止める。悪い行動がおさまったらすぐに（30秒待って本当におさまったのを確認してから）、コミュニケーションを再開しましょう。

②親が「カームダウン」のテクニックを習得する

親が「カームダウン」できるようになると、3つのいいことがあります。①子どもに手本が示せる、②親自身が冷静になれる、③子どもの悪い行動に注目しなくなる。

テクニックは、「深呼吸する」「本か電話を持って座る（たとえカッカして集中できなくても）」「チョイスの円を使う」、など。

状況次第で、親子のどちらか単独でも、親子一緒にしてもよいでしょう。まず子どもに「ハグしてほしい？」とたずねる親もいます。

③後で「復習」する

親子ともに落ち着いた後もしくは夕食のときに、悪い行動と望ましい行動について、子どもと話し合いましょう。批判めいた言い方を避けて「あのときどうなったんだった？」「次はどんな違うことができる？」「うまくやるにはどうすればいい？」と質問すること。

なぜ「自分の部屋で反省しなさい」に効果がないのか？

子どもは激しい感情が押し寄せるあまり、フタが外れて（236ページ参照）暴れているので、自制心を取り戻す必要があります。罰として部屋に閉じ込めても、頭を冷やす方法を教えることにはなりません。

反省のために閉じ込められた子どもは、**自分の律し方を学習する代わりに、怒りにふつふつと燃えながら座っています**。

数々の研究から、この方法で次第に命令に従うことはわかっていますが、「罰を恐れて従う」のは、「民主型」の親が目指すところではありません。

「カームダウン」は、激しい感情に対処する練習になります。それはつまり、「行動の代替策」を学ぶこと。「カッカしてきたら休憩する」のが悪いことではなく良いことだと学習できるのです。

49

「ダメ!」ではなく「ほかに方法はない?」と聞く
――「その子」ではなく、「やり方」を注意する

子どもの自尊心を損なう言い方

ほめ上手な親は子どもの「才能」ではなく「努力」をほめます。

批判するときも同じです。

幼稚園児を対象にした実験で、「先生がレゴで家をつくるように言ったのに、子どもたちは窓をつけ忘れた」というシナリオを与えて、子どもたちに人形を使ってロールプレイをさせました(子どもは容易にシナリオに自分を投影するので、しばしば研究者はこうしたアプローチを使います)。

先生は人形を介して「家に窓がないよ」と言った後、以下の3種類の方法で批判します。

■ **「個人」を批判する**

「あなたにはがっかりしたわ」

■「結果」を批判する

「このやり方は正しくないわね。ブロックがまっすぐじゃなくて、でこぼこだわ」

■「プロセス」を批判する

「別の方法でつくってみてもよかったわね」

個人を批判すると「自尊心」「機嫌」「忍耐力」を傷つける

コロンビア大学のメリッサ・カーミンズとキャロル・ドゥエック率いる研究チームが、やりとりの後に園児たちの自尊心を査定しました。

「個人」を批判された子どもは、自尊心が低く、機嫌が悪く、忍耐力が低くなり、この一件が人格すべてを反映するように考えがちだという結果になりました。

「プロセス」を批判された子どもは、すべてのカテゴリーにおいて群を抜いてポジティブに捉えるという結果になり、**「結果」を批判された子ども**は中間あたりにおさまりました。

「この後はどうなる?」とたずねると、「個人」を批判された子どもは「**泣いてベッドに行く**」「先生に叱られて家に帰る」「部屋で反省させられる」といった、胸が痛くなりそうな感想をもらしました。

一方で、「プロセス」を批判された子どもからは「時間をかけたら、今度は上手にできる」「いったん壊して、窓をつけて組み立てる」「まだ完成してないの、と言って、紙を四角に切って、家に貼りつける」といった答えが返ってきました。

いますぐやってみて!

人格よりもプロセスを批判する言い方の例。

- 「いまどうなってるの?」
- 「次は違うふうにするには、どうすればいいと思う?」
- 「もっといいやり方を思いつける?」

CHAPTER 7

動く

動くことで「頭」がよくなり「健康」になる

人間の脳と体は、動くことが大好きです。
産前のエクササイズがたいへんなら、産後からでも始めましょう。
何でもマルチタスクにしてしまうのです。
赤ちゃんを「たかいたかい」するのも、エクササイズにできます。
ただの移動も、車を使わず自転車や徒歩で目的地まで行けば
運動に変わります。

50

頭がよくなるように「ゆらゆら」してあげる

――ほどよくバランス感覚を刺激する

賢くなるには「平衡感覚」が大事

幼い子どもは動かずにはいられないので、自分で何でもやりたがる時期があります。飛び跳ねる、ぶらぶら揺れる、バタバタ暴れる。ときには頭を壁に打ちつけることも。

平衡《へいこう》感覚と動作能力は、学習能力と関連性があります。

脳科学者のリーズ・エリオットによると、**平衡感覚と運動能力の土台の上に、ハイレベルの情緒的能力と認知能力が築かれる**のです。

バランスと動きを調整するのが三半規《さんはんき》管《かん》です。情緒障害、注意欠陥障害、学習障害、言語障害、自閉症の子どもは、三半規管に問題があることがわかっています。

あやすときは「動かす」

研究者が、生後2～4日の新生児の親に、「抱っこ」するか、「大きく揺らしたり抱っこして歩いたり小刻みに動かしたり」といった方法であやしてもらったところ、後者のほうが効果がありました。

データから 赤ちゃんをゆっくり「回す」効果

親が新生児をひざに乗せ、回転イスに座ります。

実験者がイスを回して、急に止め、30秒待ってからふたたび回します。

三半規管に影響を与えるために、赤ちゃんのポジションは、①頭を30度前傾、②右に横向きに倒す、③左に横向きに倒す、の3通り。

各ポジションを10回ずつ、週2回1か月間続けたところ、赤ちゃんは柔軟性が高く、お座り、はいはい、タッチ、あんよが上手になりました。

いますぐやってみて！

「たかいたかい」の姿勢になります。親はあお向けで両ひざを胸に近づくまで曲げ、赤ちゃんのお腹をすねにつけて対面になり、赤ちゃんの両手を握ります。

「ぞうさん、ぞうさん、おはながながいのね……」と歌いながら、足を上げ下げして赤ちゃんを上下に動かします。

「そうよ、かあさんも」と、赤ちゃんの両腕を、水をかくように動かし、「ながいのよ～」と、赤ちゃんの両肩を手のひら全体で持ち、親は足をさらに上にあげることで、赤ちゃんの足を高くして頭の位置を低くします。足をおろして赤ちゃんの背中を床につけて、おしまいです。

〔訳注：原文では歌はRow, Row, Row Your Boat〕

51

1時間に15分は「動く時間」をつくる

——大人も子どもも「座りっぱなし」をやめる

「運動」は脳にこんな効果をもたらす

運動は、頭と体と心に絶大な効果があります。

運動することで、「問題解決能力」「抽象的思考能力」「長期記憶」「論理的思考能力」「注意力」などが強化されます。

また、「不安」「ストレス」「気分の落ち込み」が減少します。

なぜか？

体を動かすと次のことが起きるからです。

- 脳に多くの酸素が送られる
- ニューロン（神経細胞）の生成と保護が促進される

・脳由来神経栄養因子（ＢＤＮＦ）という化学物質が増え、これが毒性ストレスホルモンを撃退する。
・気分障害を阻止する化学伝達物質（ノルアドレナリン、セロトニン、ドーパミン）が放出される

「座りっぱなし」は脳にも体にも悪い

「座りっぱなし」とは、１日中ソファに座ってポテトチップを食べながらテレビを観ることだけを言うのではありません。

オフィスワークで１日の大半を座って過ごしている人は、**たとえエクササイズをしていても、心臓病のリスクが高くなります。**

ハーバード大学の進化生物学者ダニエル・リーバーマンは、狩猟採集で生活していた人類の祖先は、１日に８・５キロ～14・５キロの距離を歩いたと推定します。人間の脳は、現代でも同じような運動量を必要としています。

息が荒くなる程度の運動を１日最低30分は行うほか、**１日を通して座りっぱなしにならら**

ずに動くことも重要です。

もし専業主婦（主夫）でずっと子どもの面倒を見ているなら、ちょっと座って休憩する時間がむしろありがたいかもしれません。そうでなければ、「車に乗る」「デスクに向かう」「テレビの前に座る」といった時間を減らすことを、本気で考えてみましょう。

幼い子どもも、大人と同じ。よちよち歩きの子どもは、よちよち歩く必要があります。もう少し大きくなったら、**1日最低1時間は、走る、縄跳び、バスケットボール、水泳、サッカーなどの有酸素運動が必要**です。

1時間のうち15分は体を動かすようにしましょう。

データから「座りっぱなし」と「病気」の関係

多年にわたる加齢研究のデータを使い、研究者が45～64歳の6万3000人を調べたところ、1日4時間以上座っている人は「心臓病」「がん」「糖尿病」「高血圧」になる確率が、4時間未満の人よりも「非常に高い」ことがわかりました。

いますぐやってみて！

娘のかかりつけの小児科医からいただいたアドバイスのうち、最も重宝しているのが、「日中に十分な運動をさせなさい」です。

家の外に連れ出さない日は娘が不機嫌になり、昼寝がうまくできず、夜、その埋め合わせで大変な目に遭っていることに気づきました。わが家の場合、**不機嫌の最良の薬は「外を散歩すること」**でした。

「運動」をするためのヒント

■保育つきの「ジム」や「ヨガスタジオ」を探す

お昼寝タイムを外した時間に開講しているクラスを探しましょう。在宅ママなら、カレンダーに開講日をメモしておいて、行けるときに飛び込みで参加しても。

■「親子エクササイズ」に参加する

ヨガ、スイミング、リトミックなど。

■「運動仲間」を見つける

運動仲間は、子どもの昼寝時間が似ているか、外出時間を柔軟に変えられる人が理想的。まだ赤ちゃんのときは、外出するだけでひと仕事です。子どもが起きだす前の早朝や、パパが子どもに朝食を食べさせているあいだに会える人でも。

■「好きな運動」をしましょう

「エクササイズしなきゃ」と身構えなくても大丈夫。ハイキングでもダンスでも、自分の好きなことをして、ひと汗かいたらもうけもの、ぐらいの気分で。

いますぐやってみて！

「30分間の激しい運動を」と言われたら、何をしますか？　日時や場所も含めて、具体的に考えてみて。

「体を動かす」ためのヒント

■「車」を使わない

車なら10分で行けるレストランまで、40分かけて歩いていってみましょう。**歩きながらゆっくり話せるし、近所の景色をながめられ、爽快な気分になります。**

運動として手頃な距離に、スーパーやコンビニはありませんか？　8キロ先のお店でも、自転車で行けば30分ぐらい。**これで「30分の運動」ができます。**

「速さ」より「動くこと」を重要視すると、考え方が変わります。途中までを徒歩か自転車で、残りをバスや電車で、などと徐々に運動量を増やしていってもいいでしょう。

■「できない理由」を書いてみる

「私にはできない」と思いますか？

そういう人は、できない理由について、紙にリストにして書いてみましょう。

それぞれの項目の隣に、**障害を取り除くためにできそうなこと**も書いてみます。

たとえば、自転車は無理と思う理由が「道がわからない」なら、「グーグルマップでルートを調べてイメージトレーニングしてみる」など。

「悪天候の中を歩きたくない」なら、「レインコートなどしっかりした装備を購入し、実際に試してみる」。思ったほどひどくないかもしれません。

「できない理由」を掘り下げると「できる方法」が見えてきます。

■机の前に座らない

机の前にイスがあると、1日8時間座らないわけにはいかなくなります。幸い、立ったまま作業ができるスタンディングデスクは、もはや珍しくなくなりました。

■「ラクじゃないほう」を選ぶ

エレベーターではなく、階段を使う。オフィスが20階にあっても、そうしましょう。

ベビーカーではなく、抱っこひもや背負子《しょいこ》式のキャリーバッグを使う。

短い距離でも、歩く代わりに走る。

入り口からできるだけ離れた場所に車を停める。

人は本能的にラクなほうを選んでしまうものなので、意識して行いましょう。

■家事の流れでストレッチを

もしあなたが専業主婦（主夫）なら、1日中立っているかもしれません！　料理や掃除のついでにストレッチをしてください。

おもちゃを拾ったり赤ちゃんを抱きあげたりこぼれたものを拭《ふ》いたりするときに、スクワットをしましょう。赤ちゃんのオムツ替えや着替えのタイミングで筋トレをしても。散歩の時間もつくりましょう。

それ以外に集中的な運動が30分必要ですが、私の経験上、在宅のママ、パパが1日中座っているということはありません。

いますぐやってみて！

長時間の座りっぱなしを避けるために、具体的にできることを挙げて、実行しましょう。

CHAPTER 8

スローダウン

時間を止めて、人生をフルに味わう

子どもはゆっくりです。
子どもはまわりのあらゆるものを取り入れます。
子どもと過ごすときは、仕事の手を止めて、デジタル機器をしまい、
時間が余分にかかっても、子どもと一緒に日々の雑事をこなしましょう。
そうすればするほど、子育てが楽しくなります。
子どものペースを受け入れて楽しみましょう。

52

歩きながら「瞑想」する

――「いま」を見つめて、脳を育てる

瞑想は、脳を鍛える「ベンチプレス」

「いま、ここ」だけを考える時間をつくりましょう。

日常的に瞑想をしている人には、以下のような特徴があると考えられています。

- 「記憶」と「学習」に関連する脳の灰白質《かいはくしつ》が多く、ストレスに関連する灰白質が少ない。
- 大脳皮質にひだが多く、それゆえニューロン（神経細胞）が多い。ひだの数が、瞑想の年月が多いほど増えることがわかり、**脳の発達が二十代前半以降も後退しない**ことが証明された。
- 「共感力」が高い。他人が苦しむ声が聞こえると、共感に関連する脳の部分が強く反応する。

●「集中力」の持続時間が長い。

「ニューヨークタイムズ」紙は、瞑想を「脳のベンチプレス」と呼んでいます。それは、瞑想という「静止状態」は、脳にとって挑戦を強いられるトレーニングだからです。

瞑想の目的は、絶えず「いま、ここ」に意識を引き戻し、呼吸に意識を集中して、心に浮かんでくるさまざまな思いを受け流すこと。目を閉じて心を無にすることではありません。意識は非常にうつろいやすいので、数秒間以上、いまだけに意識を向けるには、努力が必要です。

集中力がある人は、作業記憶（情報を一時的に保持しながら同時に活用する能力）に長けています。ある研究で、大学生に2週間瞑想をさせたところ、作業記憶がアップし、上の空でいる時間が減りました。

またGREテスト（大学院進学適性試験）において、言語能力の平均点が13パーセント向上しました。

子どもには「歩く瞑想」をさせる

子どもは、長時間じっと座っているのが苦手です。**黙って5分間歩き続けることが、子どもにとって「瞑想」になります。**モンテッソーリ教育の学校では、子どもにベルを持たせ、音を鳴らさないように注意して歩かせます。

10歳を過ぎたら、静かな場所にゆったりと座って呼吸に意識を向けることを教えましょう。へそに片手を当てさせ、深呼吸する感触を覚えさせます。呼吸をするたびに「ラブ（love）」「アイ・アム（I am）」といったシンプルな言葉を唱えると、心を鎮めやすくなります。

デトロイト市のチャーターースクール、ナタキ・タリバー・スクールハウスでは、5年生から8年生の生徒が、1日2回、10分間、目を閉じてマントラを唱えます。

この学校の生徒たちは、デトロイト市内の瞑想をしていない他校の生徒に比べて、**幸福感と自己評価が高く、ストレスへの対処に長け、社会的能力が高い**というデータがあります。心に留めておくべき結果です。

「いま、この瞬間」を心から味わう

いま、この瞬間に体験していることに時間をかけて強く意識を向ける。

これが瞑想の練習になります。

食事のときは、ゆっくりとかみ、口の中の感触や味を意識し、歯が立てる音に耳を傾け、舌の動きや飲み込むときののどの感触を意識します。

会議中なら、座っている自分の背中や脚の筋肉の動きに意識を向ける。

ハイキングのときは、遠くの鳥のさえずりや、小川の流れ、風が葉をなでる音など、森のかすかな音が聞こえてくるまで黙って立ち止まってみる。

ひとつ、瞑想のエクササイズを紹介します。大人と一緒でもいいですし、少し大きくなった**お子さんとでも一緒にできる方法**です。

2人で近くに座り、1人が「いま、何を感じている?」とたずねます。

相手は「感覚」でも「感情」でも「考え」でもいいので、頭に思い浮かぶことを口に出します。「外の鳥の声」「胸が熱くなってきた」「どこかに隠れてみたい」など。

質問した人は「ありがとう」と応じます。いまこの瞬間に価値を置いて、自分に教えてくれたことへの感謝を伝えるわけです。

その後、1、2回深い呼吸をして、また同じ質問をします。

これを5分間続けたら、質問者と回答者を交代します。

以上は、ヨガ合宿の際に、シアトルの教師ブレント・モートンに教えてもらった方法です。やりとりを続けるにつれて、より深い答えが出るようになっていきます。**不安定な心をさらけだすことは、まわりの人とのきずなを強くします。**

これはまた、**感情を言語化する訓練**にもなります。

いますぐやってみて！

ある子ども向けのテコンドー教室では、自分に「3つの質問」をするように指導されます。

①私はどこにいる？

②私は何をしている？

③私は何をすべき？

最初の質問で、生徒の意識を「いま、ここ」に向けます。

2つ目の質問で、具体的で明確なゴールに生徒の心を集中させます。

3つ目の質問で、いましていることがゴールに到達するのに役に立つかを確認できます。**子どものあらゆる活動に役立つ質問**なので、私はこの「3つの質問」をいつでも読めるように手帳にメモしています。大人にも活用できそうです。

53

まわりと比べる意味はない

——脳は「遺伝と経験」でバラバラに育つ

「うちの子、○○ができたよ！」と聞いたときの正しい反応

知り合いから、子どもの成長報告（「はいはいした」「お座りした」「歩いた」「しゃべった」「木登りした」）を受けたときの、正しい反応を発見した男友だちがいます。

それは、「もうできたの⁉」と言うこと。

こう言われると、嬉しいですよね。誰でも、わが子にはほんの少しでも先取りしてほしいと願うものですから。ただし実際には——子どもを比べるのは意味のないことです。

同じ脳はひとつもない

子どもの脳は、ひとりとして、同じ発達過程をたどりません。時期も、順序も違いま

す。飛ばしたり、揺り戻したり、くり返すこともあります。発達過程そのものにさえ、議論の余地があります。脳は謎めいているのです。

また、脳は「遺伝と経験」によって形成されるため、ひとつとして同じ脳はありません。一卵性双生児でさえ違うのです。

「年齢にふさわしい行動」を理解する

とはいえ、子どもの発達の時期の目安を把握《はあく》しておくことで、非現実的な期待をしないですみます。

生後3か月の赤ちゃんが夜泣きをする。1歳半の子どもがママを叩くようになった。4歳の子どもがお友だちと分けあうのを以前よりもいやがる。

これらはすべて「普通」のことです。

わが子の発達を友人の子どもやネットの投稿と比較するときには、「心配しすぎない」「喜びすぎない」を心がけて。

ママ友が何の気なしに子どもの発達を報告してきたら、「もうできたの!?」と相手をいい気分にさせてあげましょう。

54

子どもが小さいうちは（できるだけ）仕事を減らす

──収入が減っても楽しく暮らすコツ

フルタイムかパートタイムか専業主婦か？

夫がいる、または年間5万ドル（約500万円）以上の世帯収入がある家庭の母親の「75パーセント」が、「パートタイムか専業主婦」が理想だと考えています。

■現在フルタイムで働く母親

できればパートタイムで働きたい　44％
できれば専業主婦になりたい　9％

■現在働いていない母親

できればパートタイムで働きたい　40％

専業主婦に満足している　36％
（2013年3月、ピュー研究所の調査より）

子どもばかり見ているのは「精神的」にきつい

未就学児の母親のうち、パートタイム勤務の人についての報告です。

- 専業主婦より「うつ病」になりにくい。
- 専業主婦より概して「健康的」。
- 心の健康に影響を与えがちな「社会的孤立」が少ない。
- 「新しいスキル」を獲得する能力に優れている（これも心の健康にかかわる）。
- フルタイムで働く女性に比べて「仕事か家庭か」の葛藤が少ない。
- フルタイムで働く女性や専業主婦に比べて「感度のよい子育て」ができる。

この結果に、私は「なるほど」と思いました。

何時間も連続して子どもの世話をするのは、精神的に疲れる作業です。

たとえば脳の働きひとつとっても、つねに神経を研ぎ澄まして、**集中力を保ち、気をそらさずに、子どもの要求を次から次へと察して、それに共感力と自制心を持って応えなければならない**のです。

なのに**多くの母親は、自分がちょっと休むために子どもを預かってもらうことに、罪悪感があります**。うつ病を発症するほどではなくても、追い詰められた気分になり、ストレスを感じている人が多くいます。

私自身、ずっと子どもに向き合っているよりパートタイム勤務のほうが「いい母親」でいられます。少し「充電」できるので、子どもとしっかり向き合えます。仕事は知的で刺激があり、満足しています。自分のスキルや仕事の人脈が、子育てにも生かされているのを実感できることが、安心感につながっています。

同時に私は、**娘との「急がない時間」を慈しんでいます**。

虫が羽を休めるのを待ってから捕まえ、そっと空に放してあげる。散歩の途中に、用水路の水の流れを観察する。車で目的地に急ぐのではなく、自転車でシアトルの美しい海岸沿いの道を走る。そんな生活を、いい人生だと感じています。

ママの幸せ度は「同じ」になる

もちろん、フルタイム勤務と専業主婦が「一生不幸せ」なのではありません。データによると、**未就学の時期を過ぎると様子が変わります**。ピュー研究所の調査では、子どもが未就学の時期を過ぎた以降は、フルタイム勤務と専業主婦の共に36パーセントが「とても幸せ」と答えています。

勤務形態よりも既婚であることのほうが幸福感の強力な予測因子なのです。

出産前に楽しく「節約」する

収入が減ってもやりくりできる家庭は「運がいい」だけではありません。努力も我慢もしています。共働きをやめるつもりなら、出産前に貯金をしておきましょう。緊急時に必要な最低限のお金を準備するほか、ベビーシッター貯金をしたり、住宅ローンの返済を前倒しにしても。**「節約生活」が基本ですが、やってみると、結構楽しいもの**です。

料理は一からつくるほうが美味しくて栄養があり、よちよち歩きの子どもとの時間を楽しく過ごすことができます。セカンドハンド（中古）を買えば、子どもの上着に染みがついても、おもちゃの部品がなくなっても、オシッコをもらしても、**がっかり感が少なくてすみます。**

布オムツの手洗いは、やってみればそれほど大変ではありません。夜の外出の代わりにわが家でゲーム大会をすれば、友人とのきずなが深まります。車を使う回数を減らすと、近所とのつながりが濃くなります。住宅の購入を急がない、老後資金の貯蓄を数年お休みする、といった手段も、即効性があります。

しっかりと計画すれば、少ないお金で楽しく暮らすことは可能です。

スピードを落としましょう。

人生がもっと豊かになります。

ささやかな出来事を積み重ねること。それが、親子にとって最もかけがえのない時間です。「いま、この瞬間」を大切に味わってください。急いだりイライラしたり電話を見たりする必要はありません。

55

「子どもがくれる時間」を最大限に楽しむ

──人生で最も貴重な時間を満喫する

子どもは「離島のような時間」をくれる

離島で過ごす休日の初日、歩くペースが速すぎる自分に気づいた経験はないですか？少し時間が経てば、リラックスして新しい環境のペースになじむことができます。その場にそぐわないデジタル機器はしまいこむ。通りすがりの人にほほえみかけるようになるのは、相手もそうしてくれるから。**話し方がゆっくりになり、1日を流れにまかせて過ごすようになります。**

カフェでお年寄りの隣に座り、話に花を咲かせる。公園の芝生に寝そべって、流れる雲を見つめながら、肌に当たる太陽のぬくもりを感じる。贅沢《ぜいたく》な気分です。いつものバタバタと忙しい平日とは大違いです。

「離島の休日」を、子どもはプレゼントしてくれます――あなたがそのペースを受け入れさえすれば。

幼い子どもは、人をスローダウンさせます。

よちよち歩きの娘と私は、5ブロック先の公園まで1時間かけて歩きます。娘は歩いたり、ジャンプしたり、走ったり、回ったり。ときどき立ち止まって小石をポケットに詰めます（私のポケットにも）。

歩道に並んでいるリサイクルボックスの車輪をさわり、盛り上がった木の根を観察し、排水溝に落ちる水を眺めます。停めてある車の色を言い当て、楽しそうに飛行機を指差し、「バスが来たよ！」と叫ぶ。とくに理由もなく声を立てて笑う。

世界を心から楽しむ娘の気持ちは、こちらにも伝染します。

子育てを産前のあわただしいスピードに押し込めようとすると、娘は不機嫌になり、私はピリピリすることでしょう。

子どものペースを受け入れるほうが、一緒にいる時間が楽しくなります。

「幸福で能力の高い子ども」を育てる方法

赤ちゃんは「スローダウン」の世界へあなたを招待しています。本書は、いわばその招待状です。

この本では、以下についてお話しさせてもらいました。

- パートナーや友人や子どもと「いま、この瞬間」を楽しみ、きずなを深める方法。
- 子どもが親を試したときに、「罰する」のではなく「教える」こと。長期的な視点が必要とされるアプローチです。
- 共感し、感情を認める重要性。
- 親子が一緒に行動し、遊び、おしゃべりをするためのアイデア。
- つらいときを、（できればたくさん笑いながら）乗り切るアイデア。

本書では、科学的データに基づいて、**「幸福で能力の高い子ども」、つまり「自分の思考、行動、感情に気づいてコントロールできる子ども」が育つ可能性を最大限にする**考え方や実践的なヒントを紹介させてもらいました。

この本を読んでも、カーペットについたジュースの染みは消えません。ズボンをはくのをいやがってかんしゃくを起こす子どもに寛大になれるわけでもありません。

子どもがお友だちにかみついたり、ママに嘘をついたり、初めて「大っ嫌い！」と言うのを阻止できるわけではありません。

子育ては、誰にとってもハードワークです。「完璧な子育て」なんてありません。

たくさん失敗する自分を許しましょう。

子育てをしていると、毎日が「初めて」の連続。初めての生後4か月、初めての生後1歳2か月、初めての4歳……うまく行かない日が1日あっても、それで子どもの人生すべてが決まるわけではありません。

子育ては「幸せ」すぎる！

それに、子育てのつらい時間の記憶はすぐに薄れてしまいます——**幸せな時間があまりにも楽しすぎるから**です。

小さな手であなたの手にしがみつき、ひざの上からほほえみかける赤ちゃん。心がとろけそうです。まるいほっぺと小さなつま先に、キスをしたくなります。

ママの靴をさかさまに履いて部屋を歩きまわったり、「ただいま」のパパの声に、嬉しい悲鳴を上げてドアに駆け寄ったり。

なんでも親の真似をしたがり、ママやパパの食事を食べたがり、バッグを持ちたがり、服を着たがります。親の言葉を真似し、お手伝いをしたがります。

大人が感心するような哲学的な発言をしたり、お話をねだってひざに乗ってきたり。愛らしい声で面白いことを言い、キスし、肩に頭を乗せてきます。眠っているときには、天使のように美しい表情を見せてくれます。

怒っているときでさえ、子どもの愛らしさに思わずほほえんでしまうことも。ちょうど今日も、娘がお昼寝をいやがるのでイライラしていたら、急にベッドの上に立ち上がって「これから服を脱ぐ！」と言い出しました。子どもはわけがわかりません！1日に何度も、声を出して笑い、遊び、強烈な愛情と自尊心と喜びを感じ、心から驚かされます。それに、**こんなに人から愛されることは、めったにある経験ではありません**。

子育ては、素晴らしい旅に乗り出すようなもの。

本書が、あなたとお子さんが幸先のよいスタートを切るためのお役に立てますように。

［著者］

トレーシー・カチロー（Tracy Cutchlow）

ジャーナリスト、編集者。世界的ベストセラー『ブレイン・ルール』『ブレイン・ルールズ・フォー・ベビー』などを編集。シアトルタイムズ紙、MSNマネー誌でジャーナリストとして活躍。また、子育て中の親や教師向けに講演を行っている。ワシントンポスト紙、ハフィントンポストなどの子育て記事は高い評価を得ており、本書は「新米パパママにとって、最もクールで最もわかりやすい1冊」(ペアレンツマガジン)、「これからの子育ての新基準」（ママトレンド）と話題に。米シアトルで夫と娘と暮らしている。

［訳者］

鹿田昌美（しかた・まさみ）

翻訳者。国際基督教大学卒。訳書に『フランスの子どもは夜泣きをしない――パリ発「子育て」の秘密』（集英社）、『レディ・レッスン――ポジティブガールの教科書』（大和書房）、『ドレスを着た男子』（福音館書店）などがある。

いまの科学で「絶対にいい！」と断言できる

最高の子育てベスト55

――IQが上がり、心と体が強くなるすごい方法

2016年11月17日　第1刷発行
2017年3月6日　第8刷発行

著　者――トレーシー・カチロー
訳　者――鹿田昌美
発行所――ダイヤモンド社
〒150-8409　東京都渋谷区神宮前6-12-17
http://www.diamond.co.jp/
電話／03･5778･7232（編集）　03･5778･7240（販売）

装丁――――井上新八
本文デザイン―matt' s work
本文DTP――キャップス
校正――――円水社
製作進行――ダイヤモンド・グラフィック社
印刷――――勇進印刷（本文）・加藤文明社（カバー）
製本――――加藤製本
編集担当――三浦岳

ISBN 978-4-478-06633-1